Callwey

Margrit Lipczinsky
Helmut Boerner

Büro, Mensch und Feng Shui

Raumpsychologie für innovative Arbeitsplätze

Callwey

Die Autoren danken Frau Sonja Schenk für ihr einfühlsames Lektorat
sowie für die klare Gestaltung des Buches.

Die Deutsche Bibliothek – CIP-Einheitsaufnahme
Ein Titeldatensatz für diese Publikation ist bei der Deutschen Bibliothek erhältlich.

Streitfeldstraße 35, 81673 München
www.callwey.de
e-mail: buch@callwey.de

Gestaltung und Satz	Sonja Schenk, Konstanz
Grafiken	Christiane Hage, Konstanz
	Sonja Schenk, Konstanz
Litho	Trevicolor, Italien
Druck und Bindung	Kösel, Kempten
	Printed in Germany

ISBN 3-7667-1422-8

Inhalt

Praxis der Raumpsychologie

Anhang

Vorwort

„Ganz besonders heute hängt die Welt an einem dünnen Faden, und dieser Faden ist die Psyche des Menschen." Carl Gustav Jung (1875–1961)[1*]

C. G. Jungs Aussage über die Bedeutung der menschlichen Psyche ist zeitlos. Die Psyche verfügt über enorme Energie, die – wie alles im Leben – zwei Seiten hat und sich irgendwo zwischen den Polen von Gut und Böse manifestieren kann.

Sowohl herausragende Leistungen und Erfolge als auch destruktive Massenpsychosen haben ihre Wurzeln in der Psyche. Das Gleiche gilt aber auch für kreative, intelligente Leistungen im Büro – und für Mobbing, Intrigen, Feindschaft und Streit zwischen Kollegen und Mitarbeitern.

Wir denken, dass wir selbst über unser Leben bestimmen. Die von Jung erforschte psychische Wirklichkeit zeigt, dass wir uns darin irren. In jedem Augenblick ist unser Verhalten Produkt vieler Faktoren, von denen die weitaus meisten unbewusst sind. Wenn der „dünne Faden der Psyche" reißt, können Kurzschlussreaktionen oder sogar „psychische GAUs" eintreten.

Ein fast reißender Faden – Symbol für den angespannten psychischen Zustand vieler Berufstätiger.

Es hängt von mehreren Faktoren ab, ob es dazu kommt. Einer davon betrifft unsere Arbeitsumgebung. Ein stärkendes, aufbauendes Umfeld lässt den „Faden" widerstandsfähiger werden. Das mit der Psyche verknüpfte kreative Potenzial kann dann erfolgreicher eingesetzt werden. Darin liegt das Ziel dieses Buches.

Außenfaktoren so zu gestalten, dass sie stärkend wirken, setzt Vertrautheit mit der Tiefenpsychologie und den unsichtbaren Energien voraus, die Thema einer der fernöstlichen Weisheitslehren sind: des Feng Shui.[2] Die Verbindung zwischen Tiefenpsychologie und Feng Shui resultiert unter anderem daraus, dass die energetischen Prozesse in unserem Umfeld tragenden Einfluss auf unsere Psyche haben. Die Feststellung, dass wir uns in einem bestimmten Umfeld instinktiv wohl fühlen, in einem anderen dagegen bedrängt und unruhig, findet hier ihre einleuchtendste Erklärung. Daraus resultiert unser Ansatz, Tiefenpsychologie und Feng Shui in der übergeordneten *Raumpsychologie* zusammenzuführen.

Von besonderer Bedeutung ist dieser Ansatz bei der Gestaltung der Arbeitsumgebung – gleich ob zu Hause, im Mitarbeiterbüro oder in der Vorstandsetage. Überall dort, wo ein Schreibtisch steht, werden Entscheidungen getroffen, die wellenförmig auf viele Menschen ausstrahlen. Bessere, kreativere Entscheidungen ziehen entsprechende Wirkung nach sich. Solche Entscheidungen werden durch eine psychisch und energetisch aufbauende Umgebung bedeutend gefördert.

* Anmerkungen siehe S. 182

Deshalb möchten wir Ihnen mit diesem Buch Anregungen geben, wie sich raumpsychologische Gesichtspunkte bei der Bürogestaltung berücksichtigen lassen. Der Sinn dieser Anregungen wird Ihnen weitaus mehr einleuchten, wenn Sie die ihnen zu Grunde liegenden Zusammenhänge ausreichend verstehen. Aus diesem Grund erläutern wir im ersten Teil notwendige theoretische Hintergründe in Bezug auf Feng Shui und auf die Tiefenpsychologie. Im zweiten Teil befassen wir uns mit den einzelnen Bereichen eines Bürogebäudes und werfen gleichzeitig einen Blick auf die modernen „New Work“-Bürokonzepte.[3] Die meisten Fotos sind Positiv-Beispiele für bestimmte Gestaltungsmerkmale. Die wenigen Negativ-Beispiele sollen zu Ihrer „Wahrnehmungsschulung“ beitragen. Keineswegs möchten wir die hervorragende funktionale Qualität moderner Bürogestaltungskonzepte in Zweifel ziehen, sondern Sie dazu anregen, Ihre Umgebung aufmerksamer als bisher zu betrachten.

Wie häufig blicken Sie auf die Uhr? Wie oft denken Sie an die vor Ihnen liegenden Herausforderungen? Und wie selten schauen Sie sich wirklich bewusst in Ihrer Umgebung um? Besteht ein Ungleichgewicht zwischen der Aufmerksamkeit für Ihre Aufgaben und derjenigen für den Raum, der Sie schützen, aufbauen und stärken soll? Dann ändern Sie dies.

Raumpsychologie ist wie ein Stein in einem Mosaik, das aber noch andere Steine erfordert. Unsere Zeit stellt diese Bausteine teilweise erst im Rohzustand bereit. Zu ihrer Verwertung bedürfen sie der Bearbeitung und des Feinschliffs. Dies erfordert Einsatz, Kreativität und Flexibilität. Sich hierum zu bemühen kostet zwar Energie, unterstützt aber zugleich das Selbstbewusstsein und die *Ich-Stärke.* Der „dünne Faden“ der Psyche wird damit zu einem haltbaren Seil.

Einleitung

Das Betreten eines Gebäudes, Büro- oder Konferenzraumes ist für jeden von uns alltäglich. Meistens sind wir mit unseren Gedanken aber schon vorausgeeilt. Kaum jemals wird uns bewusst, dass generell jeder Wechsel von einem Raum in den anderen nicht nur in physischer, sondern auch in psychologischer und energetischer Hinsicht ein äußerst komplizierter Vorgang ist. Im übertragenen Sinne entspricht dieser Wechsel dem Sprung in ein mit tausenderlei Flüssigkeiten unterschiedlicher Temperatur, Farbe, Konsistenz und Herkunft gefülltes Becken.

Wir möchten Ihren Blick für diese unterschiedlichen Faktoren schärfen. Unser Ansatz der Raumpsychologie zielt darauf ab, so viele wie möglich davon zu erkennen und zu optimieren. Die westliche Tiefenpsychologie und das östliche Feng Shui können dabei eine wesentliche Hilfe leisten. Sie beschäftigen sich mit „soft factors“[4], die wesentliche Kennzeichen stärkender Arbeitsräume sind.

Manche dieser „soft factors“ sind übrigens in unserem Kulturkreis keineswegs neu. Sie gehörten zum Wissensschatz der alten Geomantie, nach der Baumeister früherer Jahrhunderte bauten, die aber später vom rationalen, mechanistischen Denken verdrängt wurde.

Die westliche Geomantie

Unter dem Begriff Geomantie wird im Allgemeinen der Zugang zu den „feinstofflichen“ Kräften in der Natur verstanden. Schon seit vielen Jahrtausenden befasste sich die Geomantie sowohl mit der Nutzung dieser Kräfte als auch mit der Vermeidung negativer Auswirkungen, die von ihnen ausgehen können.

Stonehenge – prähistorischer Kraftplatz und faszinierendes Beispiel für die Kenntnisse früherer Baumeister über die Nutzung von Kraftströmen in der Erde.

Das geomantische Wissen wurde ursprünglich ausschließlich zu spirituellen Zwecken genutzt, um beispielsweise Kultstätten und Wallfahrtsorte an so genannten „Kraftplätzen“ zu errichten. Dabei wurden sowohl umfassende Kenntnisse der *sakralen Geometrie* über die Verstärkung der Energien als auch für uns fast unvorstellbar weit reichende astronomische Kenntnisse berücksichtigt. Geomantisches Wissen umfasste gleichzeitig auch natürliche Heilmethoden und bot viele weitere Anwendungsmöglichkeiten.

Noch bis zur Reformation bauten die Europäer Kirchen und Klöster, aber auch viele Gebäude weltlicher Macht – wie zum Beispiel Burgen und Schlösser – in Übereinstimmung mit den Energieströmen in der Erde. Über Jahrhunderte existierten die sakrale und die weltliche Nutzung der geomantischen Kenntnisse gemeinsam.

Frankfurt – Wirtschaftszentrum der Gegenwart. Eine überlebensgroße Statue hämmert den vorbeihastenden Berufstätigen Tag für Tag die gleiche Botschaft ein: „Im Schweiße deines Angesichts sollst du dein Brot verdienen." Aufbauender Auftakt für einen erfolgreichen Tag? (Plastik von Jonathan Borowsky)

Köln – der Dom. Die Baumeister nutzten ihre geomantischen Fähigkeiten, um durch Ausrichtung und Gestaltung des sakralen Baus die größtmögliche Stärkung der kirchlichen Macht zu erzielen.

Das Recht auf Zugang zu jeder Art von spirituellem Wissen wurde von der Kirche jedoch nach und nach monopolisiert. Heilswege, die nicht über sie verliefen, wurden daher mit der Zeit systematisch verunglimpft und verfolgt. Hinzu kam, dass die Heilung früher weitgehend den Frauen oblag. Heilerinnen kannten sich auch mit Erdstrahlen sowie den Kräften von Steinen aus. Außerdem waren sie Hebammen. Ihre Kenntnisse wurden aber im Zeichen des aufkommenden Rationalismus zunehmend in Zweifel gezogen. Der anwachsende Stand der Ärzte schloss sich den kirchlichen Verfolgungen alternativer Heilswege an. Als schließlich das rationale Denken die Überhand gewann, fiel das geomantische Wissen immer mehr in Ungnade. Nur auf einem einzigen Gebiet erlaubte die Kirche weiterhin die Anwendung geomantischer Methoden und des *Mutens,* des Aufspürens von Kräften in der Erde: zum unverzichtbaren Orten von kostbarem Trinkwasser.

Bei der Erwähnung von Wünschelruten und anderen radiästhetischen Instrumenten denken die meisten Menschen daher heute noch in erster Linie an das Ausfindigmachen von Wasser. Dies liegt auch daran, dass wohl alle Berichte über die früheren geomantischen Kenntnisse von Geschichtsschreibern verfasst wurden, die den „heidnischen Praktiken" gegenüber zutiefst feindlich eingestellt waren. Und es waren Männer, die von vornherein keinen leichten Zugang zu einer Art von Wissen hatten, das seiner Natur nach nicht rational und kausal ist, sondern intuitiv und ganzheitlich. Das Wissen von den „soft factors" des Bauens ist daher – wenn überhaupt – nur noch rudimentär vorhanden.

Moderne Architektur Der Beruf des Architekten ist in den letzten Jahrhunderten im Grunde stark profanisiert worden. In vielen Fällen fehlt der alte „Baumeistergedanke", die unmittelbare Erkenntnis, dass Räume leben und damit genauso einen Einfluss auf Verhalten und Leistungsfähigkeit ausüben wie Körper und Psyche. Vielleicht müssen Architekten dafür eine Fähigkeit haben, die auch von Ärzten und Psychologen erwartet wird: in der eigenen Mitte zu ruhen. Nur Architekten selber können dann fast übersehenen Dimensionen der Baukunst wieder zu Bedeutung verhelfen: der *Persönlichkeit* und *Seele* eines Gebäudes.

Auf der Plus-Seite der modernen Architektur stehen ihre enormen Leistungen in funktionaler Hinsicht. Dazu zählen beispielsweise sinnvolle Lösungen für eine Verringerung im Verbrauch von Primärenergien. Noch

Manche moderne Bauten zeigen ein bestechendes Spiegelbild von Attributen unserer Zeit: vielgestaltig, verwirrend, kantig, Aufsehen erregend. Bieten sie auch eine menschenfreundliche Arbeitsumgebung für die dort Tätigen?

Kühne architektonische Details bezeugen Einfallsreichtum und Originalität.
Aber welche Botschaft vermitteln sie dem Menschen?

nie gab es so große Freiheit in Bezug auf Materialien; hinzu kommen die vielen Vorteile und Hilfen aus dem Bereich der Informationstechnologie.

Auf der Minus-Seite steht dagegen die einladende Versuchung, aus funktionalen Gründen nicht „menschengerecht" zu bauen, das heißt Urängste und Urbedürfnisse des Menschen zu übersehen. Die Grenze dazu ist oft schwer zu erkennen; sie wird heute vielfach übertreten. Das liegt nicht nur daran, dass funktionale und ästhetische Gesichtspunkte überbewertet werden. Weitere Ursachen sind, dass Unkenntnis herrscht über psychische Anforderungen, historische Vorbilder als konventionell und langweilig eingestuft werden, und – ganz einfach ausgedrückt – dass in vielen Fällen weder Architekt noch verantwortlicher Bauträger nach der Fertigstellung eines Gebäudes darin wohnen oder arbeiten müssen. Erschwerend kommt hinzu, dass es noch nie derart viele Einschränkungen durch staatliche Normen und Vorschriften gab wie in der Gegenwart.

Unsere Zeit sucht nach dem Außergewöhnlichen und nach Sensationen. Daher verlangen auch Bauträger oft nach einem *Look-at-me-Gebäude.* So ergibt sich ein Spannungsfeld zwischen Möglichkeiten und Freiheiten der Architektur und den weitgehend unbewussten Anforderungen derjenigen, die die Gebäude nach der Fertigstellung nutzen. Es ist eine außerordentliche Herausforderung, in einem Bauwerk Kreativität, Funktionalität, Ästhetik sowie Menschenfreundlichkeit zu vereinen. Manche architektonischen Experimente stehen dazu in krassem Gegensatz. Dies macht Sinn, solange es sich nicht um Wohnhäuser oder Bürogebäude handelt, sondern zum Beispiel um Museen. In Zukunft werden aber psychologische Bedürfnisse und die damit verbundene Wohn- und Arbeitsqualität als Ausgleich gegen zunehmenden Stress immer wichtiger. Hinzu kommt die Notwendigkeit der Reversibilität und Flexibilität der Bürostrukturen. Derzeit als modern und Aufsehen erregend eingestufte Gebäude, die diesen Anforderungen nicht entsprechen, müssen in naher Zukunft mit hohem Aufwand umgestaltet werden. „Die heutige Bürogebäude-Architektur ist keineswegs das Resultat einer Auseinandersetzung mit dem fundamentalen Wandel der Arbeitswelt, sondern nach wie vor das Ergebnis von Wettbewerben um eine originelle Verpackung konventioneller Inhalte."[5]

Viele Architekten sind der Überzeugung, sie würden „intuitiv" arbeiten. Besonders bei der Konfrontation mit den Regeln des Feng Shui wird immer wieder geäußert, diese ja sowieso „intuitiv" zu befolgen. Bei näherem Hinsehen ist dies aber oft nicht zutreffend.

Dafür gibt es drei Ursachen. Erstens verwechselt jeder Mensch die eigene Intuition leicht mit Wunschdenken und Erwartungshaltungen. Zweitens unterliegt die Intensität der Intuition starken Schwankungen. Ihr Informationsgehalt ist daher nicht hundertprozentig verlässlich. Drittens haben intuitive Eingebungen generell einen schweren Stand. Es ist heutzutage unmodern, den eigenen Gefühlen mehr Gewicht zu geben als der Ratio, den Gedanken, Überzeugungen und Glaubenssätzen. Haben wir tatsächlich einmal eine gute Intuition, so kann deren Stimme ziemlich leicht im Getöse von Trends und Lehrmeinungen untergehen. Diese lauten unter anderem: Unsere Zeit verlangt nach „modernen" Entwürfen, nach Spannung, nach „cooler" Transparenz und Aufsehen erregenden Formen.

Warum Raumpsychologie? Es gibt eine erschreckend hohe Zahl von Menschen, die sich an ihrem Arbeitsplatz nicht wohl fühlen. Dass dies zumindest zum Teil auf den Raum zurückzuführen ist und nicht allein auf arbeitsverbundene Stressoren, wird ersichtlich, wenn ein anderer Raum gewählt oder der ursprüngliche Raum verändert wird.

Um den Zusammenhang zwischen einem Arbeitsplatz und dem psychischen Zustand des dort arbeitenden Menschen zu untersuchen, reicht die herkömmliche Arbeitspsychologie nicht mehr aus. Diese stellt zwar die psychischen Anforderungen bei der Arbeit fest und prüft, wie ihnen beispielsweise durch eine ergonomisch sinnvolle Gestaltung Rechnung getragen werden kann. Sie berücksichtigt aber nicht den *Organismus Raum,* der wiederum im *Organismus Gebäude* liegt, welcher in engem Zusammenhang mit dem *Organismus Umgebung* steht.

Diesen erweiterten Rahmen liefert unser Ansatz der Raumpsychologie. Er untersucht den Zusammenhang zwischen einem Raum und dem psychischen Zustand des Menschen, der sich darin aufhält. Er stellt fest, welche Raumfaktoren auf ihn einwirken, und folgert daraus, welche Veränderungen notwendig sind, damit der Mensch psychisch so weit wie möglich gestärkt wird.

Ob ägyptischer Schreiber oder der Mensch im Büro der Gegenwart: die tieferen Schichten der Psyche haben sich nicht verändert. Seit jeher ist anhaltender Erfolg vorherrschend von der Erfüllung psychologischer Bedürfnisse abhängig. Die Raumumgebung spielt dabei eine zentrale Rolle.

Die Raumpsychologie stützt sich dabei auf zwei Prämissen: die Erkenntnis, dass jeder Raum nicht nur aus materiellen Komponenten besteht, sondern auch viele unterschiedliche energetische Merkmale besitzt; und die Erkenntnis, dass beide in einem engen Wechselspiel mit den Strukturen der menschlichen Psyche – insbesondere mit den Strukturen und Inhalten des Unbewussten – stehen.

Raumpsychologie nutzt gleichermaßen altes wie modernes Wissen. Dies macht sie faszinierend und universell anwendbar.

Grundlagen der Raumpsychologie

Feng Shui – eine andere Betrachtung des Raumes

Im Unterschied zur westlichen Geomantie war Feng Shui seit jeher in ein umfassendes Denksystem eingebunden: die chinesische Naturphilosophie. Feng Shui muss daher ganzheitlich, mit vielfältigen Querverbindungen zu anderen Wissensgebieten verstanden werden. Anders als bei unserem „alten Wissen“ verlief die Entwicklung der chinesischen Naturphilosophie ungestört bis zum Beginn des 20. Jahrhunderts, als China gezwungen wurde, westliches Gedankengut ins Land zu lassen.

Lange Zeit war Feng Shui eine Geheimwissenschaft am Kaiserlichen Hof. Ihr Zweck lag in der Sicherstellung der Macht des Kaisers. Aber zumindest in den letzten Jahrhunderten verbreitete sich Feng Shui in unterschiedlichen Formen auch in weiteren Bevölkerungsschichten. Es wurde damit ein Bestandteil des Volkswissens. Dies änderte sich erst im vergangenen Jahrhundert, als im Zuge der so genannten Kulturrevolution mit allen alten Traditionen gebrochen wurde.

Das Wissen lebte allerdings außerhalb Chinas weiter, und zwar bei den Auslandschinesen. Viele von ihnen wandten Feng Shui weiterhin an. Kein Zufall – so heißt es –, dass die etwa 57 Millionen Auslandschinesen die finanziell erfolgreichste Bevölkerungsgruppe der Welt sind. Sie kontrollieren weite Bereiche der Wirtschaft im Fernen Osten und dominieren (mit Ausnahme von Tokio) alle südostasiatischen Börsen.[6]

Wer sich nun heute mit Feng Shui befasst, steht zunächst vor einer unübersichtlichen Ansammlung von Regeln, Behauptungen und Aussagen. Vieles klingt mystisch und wird in einer derart bilderreichen Sprache beschrieben, dass ein westlich denkender und praktisch veranlagter Mensch erhebliche Schwierigkeiten mit der Anwendbarkeit hat. Inzwischen gibt es immer zahlreichere Publikationen zum Thema Feng Shui. So zählt es fast schon zur Allgemeinbildung, dass Feng Shui sich mit Energieströmen befasst und als fernöstliche Einrichtungs- und Harmonielehre menschengerechtes Bauen, Wohnen und Arbeiten anstrebt, das Erfolg verheißt.

Wie bei allen Modeerscheinungen treibt die Begeisterung für Feng Shui seltsame Blüten: Sogar für das Liebesleben, Tiere und Autos haben manche Feng Shui-Bücher Ratschläge parat. Manche Auswüchse zeigen auch, wie schnell Feng Shui mit pseudospirituellen Methoden vermengt werden kann. Mit der daraus resultierenden Glücksbotschaft lassen sich leicht enttäuschte oder erfolgshungrige Menschen verführen. Der dadurch hervorgerufene Eindruck einer im Grunde verzichtbaren, kommerziell genutzten New-Age-Strömung verstellt leider den Blick auf viele vernünftige und psycholo-

China – Entstehungsort für das fernöstliche Wissen um die Harmonie von Mensch und Umgebung, über lange Zeit durch Meere, Wüsten, Berge und die Große Mauer von fremden Denkeinflüssen abgeschirmt.

gisch nachvollziehbare Inhalte des Feng Shui. Diese sind tatsächlich hervorragend als Orientierungspunkte für die in ihrer zunehmenden technischen und künstlerischen Freiheit oft richtungslos gewordenen Wohn- und Geschäftsbauten geeignet.

Heute gibt es mehr denn je Gebäude der unterschiedlichsten Zweckbestimmung, Form und Größe. Feng Shui – oft auch als lebende Wissenschaft bezeichnet – wächst sozusagen mit und entwickelt sich organisch weiter. Denn natürlich ist das Lehrgebäude – oder besser sind die unterschiedlichen Lehrgebäude – nicht auf einmal vor 5000 Jahren entstanden, wie es irreführend manchmal heißt.

Historischer Rückblick

Die Wurzeln des Feng Shui liegen in der chinesischen Naturphilosophie, die seit etwa 3000 v. Chr. umfassend und akribisch Veränderungsprozesse und Energieströme in der Natur und im Menschen beobachtete und später aufzeichnete. Etwa ab 2200 v. Chr. kam eine astrologische Komponente hinzu: die Feststellung von *Zeitqualitäten* und die Frage nach dem *günstigen Zeitpunkt.* Noch vor dieser Zeit wurde der mythologische Weise Fu Xi (Fu Hsi) zur Aufstellung des so genannten *Hot'u-Systems* inspiriert, einer wichtigen Berechnungsformel zur qualitativen Bestimmung von Himmelsrichtungen und Zeitperioden. Eine ähnliche Funktion hat das *Magische Quadrat* des *Lo-Shu-Systems,* dessen Entdeckung dem (ebenfalls prähistorischen) König Yü zugeschrieben wird, der angeblich die erste chinesische Herrscher-Dynastie (Hsia) gründete.[7]

Kaiser Kang Xi. Alle Erkenntnisse über die energetische Stärkung des Menschen dienten in China einem vorherrschenden Zweck: Expansion und Sicherung der kaiserlichen Macht. Über lange Zeit war Feng Shui eine Geheimwissenschaft.

Bis etwa 1000 v. Chr. entstanden weitere Feng Shui-Grundlagen: die chinesische Numerologie, die Lehre von den *Fünf Elementen,* der chinesische Kalender sowie die Kommentierung zum Orakel- und Weisheitsbuch *Yijing* (*I Ging* oder „Buch der Wandlungen“). Bereits in dieser Zeit erfanden die Chinesen einen rudimentären Kompass. Einige Quellen datieren diese Erfindung sogar noch wesentlich früher zurück. (Zum Vergleich: Im Westen dauerte es noch bis ins 12. Jahrhundert n. Chr., bis der Kompass in den italienischen Seerepubliken Amalfi, Genua, Pisa und Venedig zum Einsatz kam.)

Während des „goldenen Zeitalters der chinesischen Philosophie“ (etwa 550–200 v. Chr.) entstand angeblich der Brauch der kaiserlichen Palastwahl: der Kaiser wurde von seinen Feng Shui-Beratern ersucht, periodisch die Aufenthalts- und Regierungsräume zu wechseln, um den Auswirkungen ungünstiger Richtungs- und Zeitqualitäten auszuweichen. Zu dieser Zeit

In der „Verbotenen Stadt“ Pekings ermöglichte es die Palastwahl dem Kaiser und seinem Hof, den energetisch jeweils günstigsten Aufenthaltsort zu wählen.

hieß Feng Shui im Übrigen noch Kan-y'u (etwa: Beurteilung der Landschaft „im Wandel von Himmel und Erde“).

Die Bezeichnung *Feng Shui* tauchte erst zu Beginn des 3. Jahrhunderts n. Chr. in einem Buch über die Wahl und Gestaltung von Gräbern auf. Die richtige Bestattung war und ist in der chinesischen Kultur von großer Bedeutung, da den Ahnen ein wesentlicher Einfluss auf das Wohlergehen der Nachkommen zugeschrieben wird. Der von vielen als erster Feng Shui-Meister verehrte Gelehrte Guo-Pu (Kwok Por) erläuterte in diesem Regelwerk unter anderem, wie eine Landschaft durch den Strom der Vitalenergie *Qi* charakterisiert wird. Dabei hieß es sinngemäß auch, dass „der Fluss der Energie durch Wind zerstreut wird und am Rande des Wassers anhält“.[8] Feng Shui bedeutet wörtlich Wind und Wasser und ist ein Synonym für den Energiefluss und dessen Gesetzmäßigkeiten.

Während der Song-Dynastie, etwa um 1000 n. Chr., entstanden über fünfzig klassische Texte über Feng Shui. Ab etwa 1620 verbreitete sich schließlich das Wissen um die bis dahin geheim gehaltene Lehre von der energetischen Stärkung des Kaisers über den Hofstaat hinaus.

Feng Shui-Schulen Angesichts einer derart langen Entwicklungsgeschichte ist es nachvollziehbar, dass nach und nach verschiedene Feng Shui-Schulen mit unterschiedlichen Auffassungen und einander widersprechenden Aussagen entstanden, nicht anders als bei den westlichen Wissenschaften. Kennzeichnend für diesen Meinungsstreit ist die Parabel von den drei gelehrten Blinden.

Diese wurden vom König beauftragt, ein unbekanntes Tier zu untersuchen. „Klar“, sprach der Erste, „es ist schlangenförmig und außerdem behaart“. – „Irrtum“, entgegnete der Zweite, „es ist säulenförmig, zwar rau, aber glatt“. – „Nein, wie seid ihr dumm“, widersprach der Dritte, „dieses Tier ist immens groß. Ich kann es nicht einmal umfassen!“ Nur der Elefant, um den es sich handelte, sagte nichts und wusste es besser: Jeder hatte irgendwo Recht, und jeder hatte teils auch Unrecht.

Genauso verhält es sich also mit dem Meinungsstreit der Feng Shui-Schulen. Wer in einem Buchgeschäft die immer zahlreicheren Feng Shui-Bücher durchblättert, sollte sich daher über Widersprüche nicht wundern. In kaum einem Buch wird präzisiert, nach welchen Schulen sich der Autor richtet: nach der *Landschafts- oder Formenschule* (auch „San ke“ oder „Three Harmony School“ genannt) oder der *Kompass-Schule* („San yuan“ oder „Three Period School“), den ältesten Richtungen des Feng Shui. Oder ob er eher das *Hongkong-Feng Shui* („Power Feng Shui“, aggressiv und erfolgsorientiert), das *amerikanische Feng Shui* („Let’s make it simple“), die *Acht Lebenssituationen (Bagua),* die *Flying Stars* (astrologische Einflüsse), das *Imperial Feng Shui,* das *Qi-Mag-Feng Shui* (Kombination mehrerer Richtungen) oder eine der im Westen nur schwer zu findenden verborgenen Urquellen berücksichtigt, um nur einige zu nennen.

Wir selbst beziehen uns im vorliegenden Buch vor allem auf die nachvollziehbaren und einleuchtenden Lehrmeinungen der genannten Richtungen und Schulen. Außerdem berücksichtigen wir, dass die Erkenntnisse und Regeln des Feng Shui während der Jahrtausende dauernden Entwicklungsgeschichte im Grunde aus folgenden zwei Hauptquellen bezogen wurden: Die erste Hauptquelle beruht auf der empirischen Beobachtung und geduldigen Aufzeichnung räumlicher und zeitlicher Gegebenheiten rund um ein Haus und seine Nutzer. Zu den räumlichen Gegebenheiten zählen beispielsweise die Einbettung von Gebäuden in die Landschaft oder seine Ausrichtung in Bezug auf die acht Himmelsrichtungen (N, NO, O, SO, S, SW, W, NW). Zu den zeitlichen Gegebenheiten gehören wesentliche Ereignisse und Zeitperioden im Leben eines Hauses wie Grundsteinlegung, Bau, Einzug und Renovierungen.

Grafik 1: **Feng Shui-Schulen und -Arten** (Auswahl)

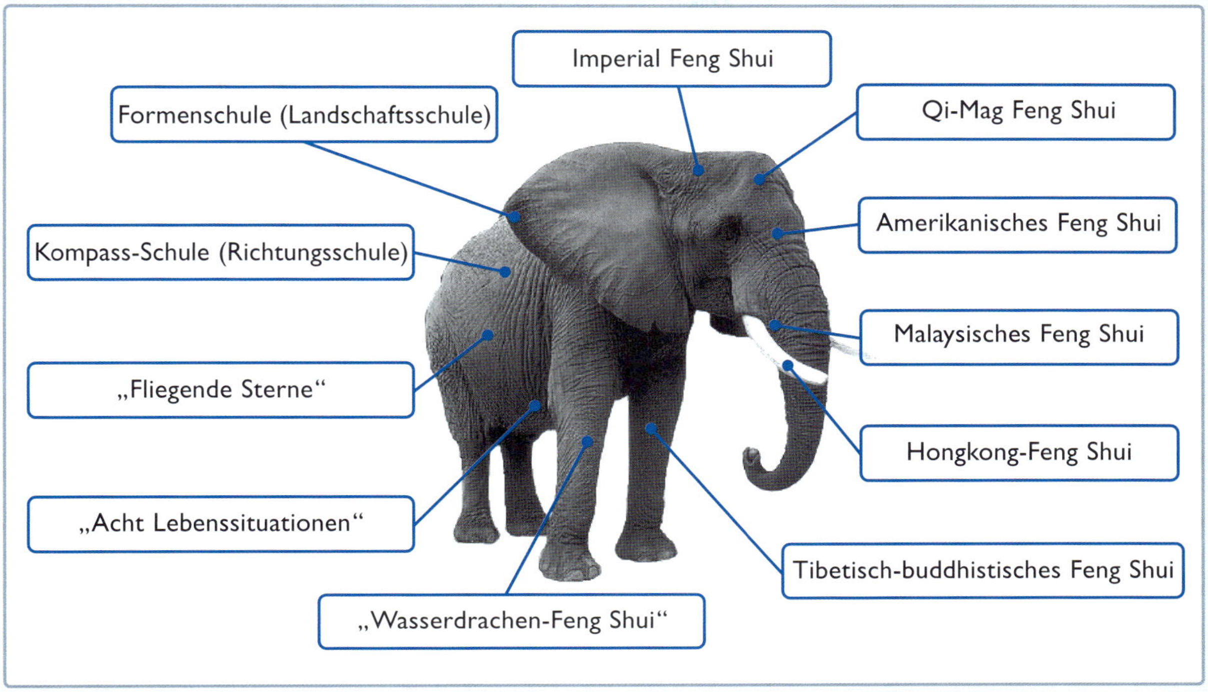

Beide Arten von Gegebenheiten wurden schließlich sowohl zu den innerpsychischen Befindlichkeiten als auch zu äußeren Ereignissen im Leben der Bewohner und der Gemeinschaft in Beziehung gesetzt. Die erste Hauptquelle kann als universell gültig angesehen werden, da ihre Erkenntnisse nicht ausschließlich ortsgebunden sind und damit in psychologischer Hinsicht weitgehend Bezug auf die überregionale kollektive Psyche nehmen.

Die zweite Hauptquelle beruht auf der Verknüpfung dieses Beziehungsgeflechtes mit lokalen geografischen sowie kulturellen Besonderheiten. Diese Hauptquelle ist also weitgehend ortsabhängig und hat eine enge Beziehung zur regionalen kollektiven Psyche der Bewohner.

Will man Feng Shui im Westen anwenden, ist es daher sinnvoll diese beiden Hauptquellen zu trennen, das zusammengetragene Wissen behutsam zu entflechten und geografische, kulturelle und mythologische Besonderheiten herauszufiltern.

Ein Beispiel: Das fruchtbare Kernland Chinas war während langer Perioden von Gefahren aus dem Nordosten bedroht. Von hier kamen nicht nur die Horden des Dschingis Khan, sondern auch japanische Piraten, die die schönen chinesischen Frauen raubten; hier gab es Überschwemmungen und andere Naturkatastrophen. Kein Wunder, dass eine Ausrichtung der Haustür nach Nordosten als wenig glückbringend angesehen wurde. Wer öffnet dem Elend schon gern Tür und Tor! Dieses Urteil führte unter dem damaligen Zeitgeist und in der bilderreichen Sprache der Chinesen zur Bewertung der Himmelsrichtung Nordosten als „fluch- und geisterbedrohter Ort".

Hinter derartigen Pauschalfeststellungen stehen aber durchaus verwertbare Kernaussagen über günstige Ausrichtungen einer Haustür. Dabei müssen Umgebungsfaktoren und der Strom der Lebensenergie Qi berücksichtigt werden. Und auch der Zeitpunkt der Fertigstellung und des Einzugs sollte nicht dem Zufall überlassen bleiben, sondern sich nach der bestmöglichen astrologischen Zeitqualität für dieses spezielle Haus und seine Bewohner richten.

Ebenso wie in der westlichen Astrologie hatte Zeit in China seit jeher nicht nur einen quantitativen Aspekt (im Sinne von: „Wie spät ist es?"), sondern vor allem einen qualitativen. Die Grundüberlegung war: Wenn eine Unternehmung zum günstigen Zeitpunkt begonnen wird, verläuft sie dieser Zeitqualität entsprechend erfolgreich. Im Feng Shui wurde daher viel Aufmerksamkeit darauf verwandt, die Zeitqualität zu studieren und für die eigenen Zielsetzungen auszuwählen. Kurz gesagt: ausschlaggebender Gesichtspunkt bei der Errichtung eines Gebäudes war die Frage, wo und wann der größte Vorteil für Erfolg und Wohlergehen der Bewohner zu erwarten war. Diese Gesichtspunkte waren im Übrigen auch für westliche Baumeister so lange von großer Bedeutung, als sie über den Zugang zu dem entsprechenden Wissen verfügten.

Zurück zu den Feng Shui-Schulen: das Schwierige daran – und für westliche Denkgewohnheiten nicht leicht zu Akzeptierende – ist, dass jede für sich genommen Recht hat, oft gerade dort, wo sie einander widersprechen (siehe Elefanten-Parabel, S. 22). Ein vergleichbares Problem in der westlichen Physik sind die beiden einander ausschließenden und gleichzeitig komplementären Modelle des Lichts. Licht erscheint einmal als Welle, ein anderes Mal als Teilchen. Beide Erscheinungsweisen hängen vom jeweiligen Betrachtungsstandpunkt ab, sind aber gleich wirklich und wahr.

Dieser Widerspruch hatte ursprünglich in der westlichen wissenschaftsgläubigen Welt einen tiefen Graben aufgerissen. Die fernöstlichen Naturwissenschaften gerieten nicht in diese Gefahr. Sie konnten sich in solchen Fällen auf den Taoismus beziehen, und dieser hatte nie Schwierigkeiten, paradoxen Aussagen „Gleich-Gültigkeit" zuzugestehen und sie zur Erklärung der Wirklichkeit zuzulassen.

Im Gegenteil, das Paradoxon wurde als Annäherung an die Wahrheit akzeptiert, da in ihm jeweils beide Seiten unserer polaren Welt angesprochen wurden: „Das Wesen, das begriffen werden kann, ist nicht das Wesen des Unbegreiflichen. Der Name, der gesagt werden kann, ist nicht der Name des Namenlosen. Unnambar ist das All-Eine, ist Innen, nambar ist das All-Viele, ist Außen.“[9]

Ein chinesisches Haus. Nach chinesischer Überzeugung gibt es drei Arten von Glück: das „Glück des Himmels“ (Vorbestimmung), das „Glück der Erde“ (Konstitution und Stellung) und das „Glück des Menschen“ (Verhalten und Einstellungen). Feng Shui wird als Mittel betrachtet, diese drei Arten in Übereinstimmung zu bringen.

East meets West: Richard Gere trifft den Dalai Lama (New York, 1999).
Der Buddhismus und andere fernöstliche Denkströmungen finden seit einigen Jahren zunehmende Aufgeschlossenheit im Westen.

Östliches und westliches Denken Kein Wunder, dass Feng Shui im Westen mit Unglauben oder zumindest Argwohn betrachtet wird. Darüber hinaus besteht aber eine Grundschwierigkeit im Verständnis fernöstlicher Weisheit: der bedeutende Unterschied zwischen der östlichen und westlichen Art, die Welt zu betrachten. Der westliche Mensch denkt seit René Descartes (1596–1650) und dem Aufkommen des mechanistischen Weltbildes vorherrschend horizontal, rational und kausal: aus A folgt B, daraus C, daraus D und so fort. Fehlt in dieser Kausalkette ein Glied, so wird der ganze Vorgang als Zufall hingestellt.

Das fernöstliche Denken verläuft dagegen seit jeher zumeist vertikal und analog. Zufälle betrachtet es eher als synchronistische Zusammenhänge, die ohne weiteres zur Erklärung der Welt zugelassen werden. Der Ausdruck *Synchronizität* wurde von dem Schweizer Psychiater Carl Gustav Jung für das gleichzeitige Eintreten zweier oder mehrerer Ereignisse mit übereinstimmendem Sinngehalt, die nicht ursächlich aufeinander bezogen werden können, eingeführt.

Dazu zählen beispielsweise Analogieketten von Gegebenheiten, die völlig unterschiedlichen Ebenen angehören können, wie etwa das gleichzeitige Auftreten von Vorkommnissen auf der psychischen Ebene (zum Beispiel bestimmte Gefühlsregungen), der meteorologischen Ebene (zum Beispiel bestimmte Wetterbedingungen), der Ebene des Aufenthalts in einem bestimmten Raum, der Ebene des Erfolgs in einer bestimmten Unternehmung, der chronologischen Ebene (eine spezifisch *günstige* oder *ungünstige Zeitqualität* des jeweiligen Augenblicks) und so weiter.

Jung erwähnt unter anderem das folgende Beispiel einer Synchronizität: Eine seiner Patientinnen erzählte ihm gefühlsmäßig stark berührt einen für die weitere Behandlung sehr wichtigen Traum über einen Skarabäus. Im gleichen Moment flog ein großer grün-goldener Käfer ins Zimmer, der starke Ähnlichkeit mit einem Skarabäus hatte. Beide Vorfälle waren nicht linear-kausal, sondern durch einen gemeinsamen Sinnzusammenhang miteinander verbunden. Dieser Zufall berührte die ansonsten ausgesprochen rational eingestellte Patientin tief, und ihre Behandlung nahm anschließend einen besseren Verlauf.

Sicher kennen Sie ähnliche Zufälle wie die folgenden: Sie arbeiten intensiv und engagiert an einem bestimmten Thema. Kurz darauf stellen Sie das Radio an und hören im gleichen Moment einen Beitrag, der auf Ihr Arbeitsthema Bezug nimmt. Später fahren Sie mit einem öffentlichen Verkehrsmittel, und unvermittelt fällt Ihr Blick auf einen Artikel in einer Zeitung, die ein Fahrgast liegen gelassen hat. Auch dieser Artikel steht in

Grafik 2: **Westliches/Östliches Denken**

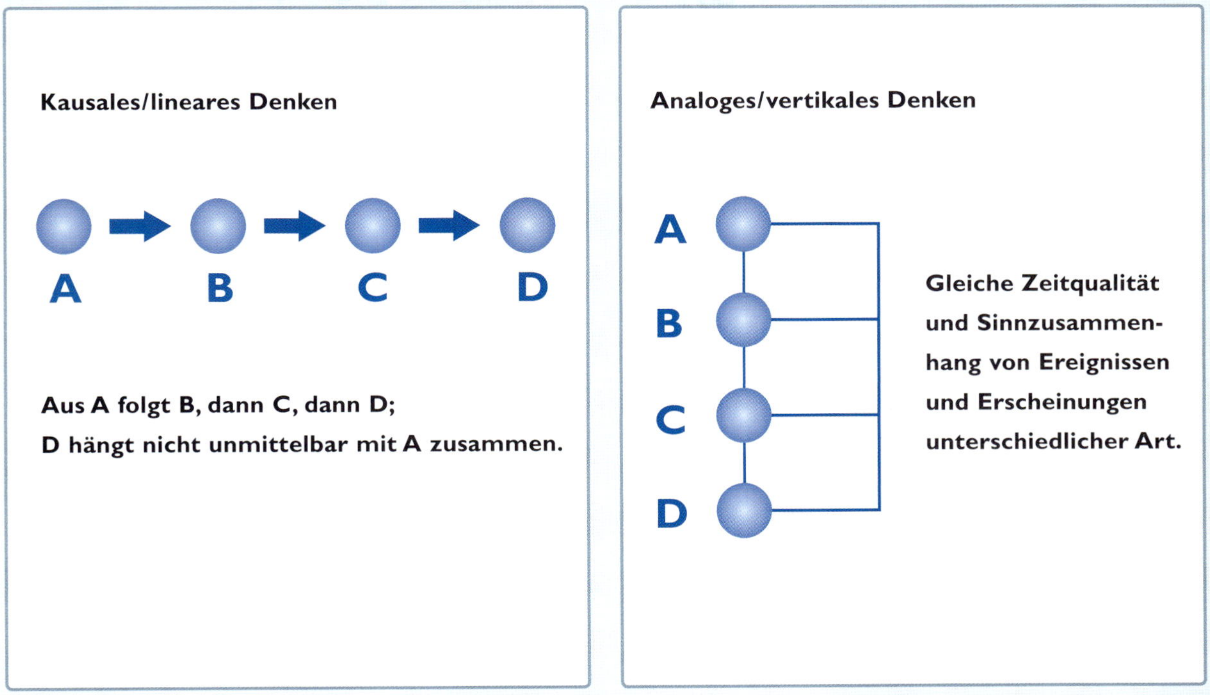

engem Zusammenhang mit Ihrem Thema und hilft Ihnen bei der Arbeit daran weiter.

Die Ereignisketten, die zu dieser Begegnung führten – Ihr bisheriges Leben bis zu diesem Moment, die Erfindung und Entwicklung von Radio und Zeitung, das Entstehen der Radiosendung und des Artikels, das zufällige Einschalten beziehungsweise Auffinden –, stehen in keinem ursächlichen Bezug zueinander und zu Ihrem engagierten Interesse an dem erwähnten Thema. Diese Ereignisketten fallen jedoch in einem bestimmten Zeitpunkt auf diejenige Ihres Lebens und sind außerdem durch einen gemeinsamen Sinnzusammenhang untereinander verbunden.

Nach unserer cartesianischen mechanistischen Auffassung können sich solche Ereignisketten nicht gegenseitig beeinflussen, da die Welt in einzelne, klar definierte Prozessketten von Ursache und Wirkung aufgeteilt wird. Die Taoisten sehen die Welt jedoch stets in einer Gesamtschau. Mit dieser Betrachtungsweise stellen sie die gegenseitige Einflussnahme von Wirklichkeitseinheiten gleicher Sinnhaftigkeit und gleicher räumlicher wie zeitlicher Qualität in den Vordergrund. Die dafür typische Frage lautet: „Was beliebt zusammenzutreffen?“

Unterstützt wurde diese Denkweise seit jeher auch durch die völlig anders strukturierte chinesische Sprache (Bildeinheiten statt Silben) sowie durch die Schreibweise der Zeichen (vertikal statt horizontal).

Die beschriebenen Unterschiede im Denken erschweren es uns, unvoreingenommen an die Thematik des Feng Shui heranzugehen. Feng Shui erfordert aber gerade diese Offenheit. Allerdings sollte auf eine unreflektierte 1:1-Übertragung der Feng Shui-Prinzipien auf den Westen verzichtet werden. Ebenso wichtig ist es auch, den Absolutheitsanspruch aufzugeben, zu dem Feng Shui-Berater (auch im Osten!) leicht neigen und der je nach Ich-Stärke des Klienten leicht zur übermäßigen suggestiven Beeinflussung führen kann. Eine ausgewogene, seriöse Beratung bedarf einer sehr differenzierten Abwägung der verschiedenen Ebenen und vor allem eines großen Respekts vor der menschlichen Psyche.

Natürlich ist Feng Shui kein Allheilmittel für leicht zu begeisternde Menschen, die wesentliche Lebensaufgaben auf anderen Gebieten nicht lösen. Im Kern behandelt Feng Shui nachvollziehbare Regeln, die oft genug dem gesunden Menschenverstand entsprechen und im Einklang mit dem westlichen geomantischen Erbe stehen. Die Wirksamkeit dieser Regeln wird umso deutlicher, je mehr sie auf tiefenpsychologische Zusammenhänge bezogen werden können. Damit entsteht eine Brücke zwischen östlichem und westlichem Wissen.

Diese Brücke zeigt, wie erstaunlich relevant Feng Shui für die Bürowelt von heute ist. Der Praxisteil des Buches gibt dafür viele Beispiele. Zu ihrem Verständnis ist es notwendig, zunächst einige wesentliche Kernelemente des Feng Shui (und später im Kapitel 2 auch der Tiefenpsychologie) kurz darzustellen. Es handelt sich um Aussagen, die im fernöstlichen Denksystem Allgemeingültigkeit besitzen und sich darüber hinaus weitestmöglich mit westlichem psychologischem Wissen verknüpfen lassen. Dazu zählen die Philosophie von *Yin und Yang,* die Vitalenergie *Qi,* das universelle System der *Fünf Wandlungsphasen* oder *Fünf Elemente,* die unter anderem auf den *Fünf Elementen* beruhenden unterschiedlichen *energetischen Felder* (darunter Richtungs- und Zeitqualitäten) sowie die acht Raumbereiche des *Bagua.* Es liegt in der Natur der Sache, dass wir nur auf die Punkte näher eingehen, die Sie selbst praktisch anwenden können. Bereiche, die einer kompetenten, individuellen Beratung bedürfen, streifen wir lediglich am Rande.

Die Philosophie von Yin und Yang Yin und Yang gelten in der fernöstlichen Weisheit als die beiden Urkräfte hinter den stetigen Wandlungsprozessen der gesamten Natur. Diese Urkräfte werden im *Tai Chi-Symbol* dargestellt, das mittlerweile auch vielen westlichen Menschen bekannt ist (siehe Grafik 3 unten). Kennzeichnend für dieses Symbol ist, dass in der Phase der höchsten Ausdehnung eines Pols bereits der Keim des Gegenpols erscheint. Gerade dadurch entsteht die Dynamik der beiden Kräfte Yin und Yang. Würden die gegenpolaren Keime fehlen, so stünden sich Yin und Yang starr gegenüber; es gäbe keine Entwicklung.

Die Art, wie das Symbol dargestellt wird, ist nicht zufällig. Entsprechend der Bedeutung von Yin, dem Dunklen und Irdischen, und Yang, dem Hellen und Himmlischen, befindet sich in der Regel der schwarze Teil unten und der helle oben, um nicht die Ordnung aller Dinge auf den Kopf zu stellen. Erfolgt die Bewegung im Uhrzeigersinn, so stellt das Symbol die Dynamik der sichtbaren Prozesse in unserer Wirklichkeit dar. Verläuft die Bewegung gegen den Uhrzeigersinn, so wird durch das Symbol eher die geistige Dimension hinter den Erscheinungen der Welt zum Ausdruck gebracht. Diese Art der Darstellung ist spirituellen Zwecken vorbehalten.

Grafik 3: **Polarität Yang und Yin**

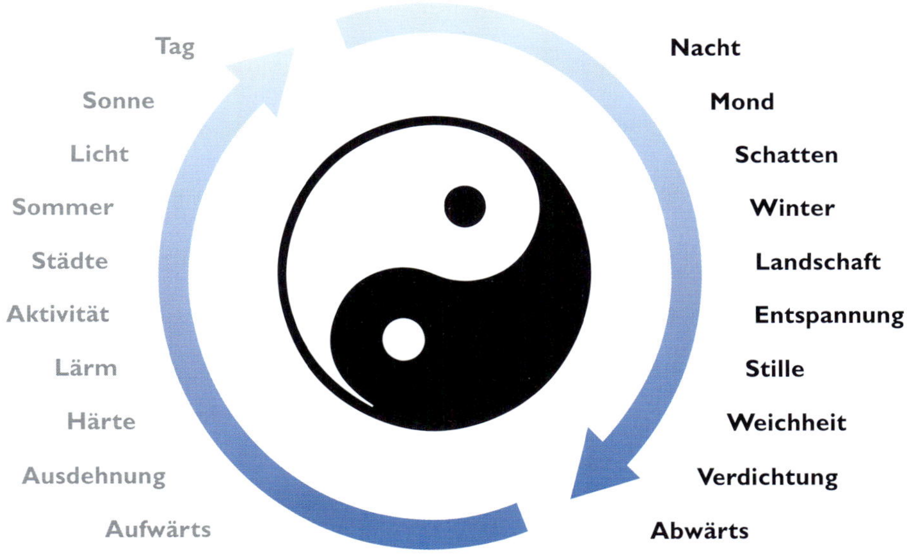

Yin und Yang – Sinnbild für ewigen Wandel und harmonischen Ausgleich in der Natur.

Aus dem Yin-Yang-Konzept geht hervor, dass beide Kräfte zum Leben gehören. Anhaltende Einseitigkeit durch zu starke Betonung eines Pols sollte vermieden werden. Unsere Zeit ist aber in vielen Bereichen gerade durch diese Einseitigkeit gekennzeichnet: permanente Aktivität, Hektik, intensive Sinnesreizung, Informationsüberflutung, Wachstum usw. Insbesondere in Wirtschaftskreisen gehört es oft geradezu zum guten Ton, die eigene Energie durch nie erlahmende Anspannung unter Beweis zu stellen, immer zu strahlen, stets dynamisch und kraftvoll zu sein und alles im Leben unter Kontrolle zu haben. Macht, Erfolg, Wachstum, Schnelligkeit sind Yang-Schlüsselworte unserer Zeit – und gleichzeitig nicht selten Merkmale eines einseitigen und daher im Inneren verarmten Lebensstils.

Selbst dort, wo der Yin-Gegenpol der Ruhe, Entspannung und Kontemplation auftaucht, verschaffen wir dem Yang durch die Hintertür Einlass. Beispielsweise errichten wir Wellness-Oasen der Entspannung (Yin) für gestresste Zeitgenossen, statten diese jedoch mit ausgeklügelter, mächtiger Technik (Yang) aus. Zum Ausgleich des Yang-Übermaßes schleicht sich aber auch das Yin – oft unbemerkt – in unser Leben: viele im Yang-Rad spurtende Anhänger des modernen Fortschrittglaubens kleiden sich konsequent schwarz, fahren schwarze Autos und tragen schwarze Sonnenbrillen – die Yin-Farbe par excellence.

Das Yin-Yang-Konzept zeigt, dass jede Einseitigkeit auf die Dauer zur Stagnation beziehungsweise zum (scheinbar) überraschenden Kippen des Poles führt. Gerade in Büros, in denen die Hektik sprudelt, in denen um Macht und Erfolg gerungen wird, deren Atmosphäre von Informationsvielfalt, Erfolgsdruck und nicht selten Aggressivität geprägt wird, wäre daher ein rechtzeitiger Ausgleich lebenswichtig. Doch das Gegenteil ist in der Regel der Fall: Der bereits vorhandene Yang-Überschuss wird beispielsweise durch rein geometrische Linien und Strukturen der Einrichtung, durch minimalistisches Design, „angreifende Formen“, aufdringliche oder reißerische Dekorationen noch verstärkt.

Besser wäre es, dem Tai Chi-Symbol eine wertvolle Anregung zu entnehmen: Bürogestalter sollten bereits bei der Planung nicht nur die funktionalen Aspekte berücksichtigen, sondern sich bewusst die Frage stellen, welches Yin-Yang-Verhältnis in dem betreffenden Raum besteht. Das Büro gehört bereits durch die dort ausgeübte Tätigkeit zum Yang-Bereich und ist auch dementsprechend einzurichten. Dennoch muss darauf geachtet werden, dass die Yang-Betonung nicht zu stark wird. Einige Yin-Aspekte wie attraktive Pflanzen, die Verwendung geschwungener Formen, der gezielte Einsatz von Stoffen und sanften Farben können hier ausgleichen und den

Grafik 4: **Yang und Yin im Büro**

helle Einrichtung	dunkle Einrichtung
gerade Formen	runde Formen
warme, kräftige Farben	dezente, kühle Farben
helle Beleuchtung	gedämpfte Beleuchtung
direktes Licht	indirektes Licht
Kommunikation	Planung
linke Büroseite (von innen mit Blick zur Tür)	rechte Büroseite (von innen mit Blick zur Tür)
Metall, Chrom, Glas	Stoffe, Papier, Holz
harter Fußbodenbelag	Teppichboden
Dekorationen mit dynamischen oder aggressiven Motiven	ruhige Dekorationen und symbolhafte Darstellungen
hektischer Bürobetrieb	entspannte Büroatmosphäre
Technik, Elektronik	Naturelemente

Raum beleben. Dies wäre in vielen Fällen eine sinnvolle Antwort auf die heute oft geäußerte Klage über kalte, abweisende Büroräume, die menschenfeindlich sind.

Auch die Beleuchtung hat Einfluss auf das Yin-Yang-Verhältnis. Der Yang-Anteil erhöht sich durch direkte Beleuchtung, Strahler und Spots, nach oben gerichtete Lichtstrahlen sowie Metall- und Glaselemente der Leuchten. Das Yin wird beispielsweise durch indirekte und gedämpfte Beleuchtung, durch Schatten sowie durch Stoff- und Papierelemente bei Leuchten betont.

Die meisten Menschen empfinden einen längeren Aufenthalt in einer Umgebung mit einem starken Yin- oder Yang-Übergewicht des Lichts als unangenehm. Schummrige, gedämpfte Beleuchtung (= Yin-Übergewicht) kann zwar Vertraulichkeit und Geborgenheit vermitteln, steht aber im Widerspruch zur prinzipiellen Yang-Betonung des Büros. Zudem erzeugt sie den Eindruck des Lichtscheuen und der Schwere und führt zu einem eher bedächtigen Geschäftsgang. Anhaltende grelle Beleuchtung (= Yang-Übergewicht) ist ebenso ungünstig. Wer ständig angestrahlt wird, ermüdet schneller und neigt eher zu Gereiztheit und Aggressivität.

Die Vitalenergie Qi Es überrascht nicht, dass es in unserer Yang-geprägten Zeit schwer fällt, sich mit einer Energieform auseinander zu setzen, die weder klar definiert noch lückenlos nachgewiesen und mit technischen Instrumenten gemessen werden kann. Dabei gibt es genügend Gründe, nicht von vornherein ungläubig zu reagieren. Die Vitalenergie Qi war in allen alten Hochkulturen bekannt. Der Grund dafür war wohl die Einsicht, dass die täglich aufgenommene physische Nahrung als alleinige Energiequelle niemals für die zahlreichen komplexen Lebensprozesse im menschlichen Organismus und in der Psyche ausreichen kann.

Das chinesische Qi-Konzept wurde hierzulande vor allem durch die Akupunktur bekannt. Diese Heilmethode wurde bereits in prähistorischer Zeit angewandt und später von der Traditionellen Chinesischen Medizin (TCM) systematisiert. Sie beruht auf der Einsicht, dass ein Ungleichgewicht des Energiestroms in den Meridianen, den Energieleitbahnen des Körpers, eine Hauptursache für Organstörungen und deren Symptome ist.

Der Energiefluss verläuft in den Meridianen entweder harmonisch, das heißt sanft und hindernisfrei, oder er wird blockiert, oder er verläuft zu rasch und unausgewogen. In den beiden letzten Fällen entstehen im komplexen Gefüge von Wirksystemen im Körper Ungleichgewichte, welche die Qualität der Organtätigkeiten vermindern. Dies führt zu gesundheitlichen Beschwerden. Wesentliche Merkmale des Qi sind, dass es formlos und unteilbar ist und dass es sich ständig in Bewegung befinden muss.[10]

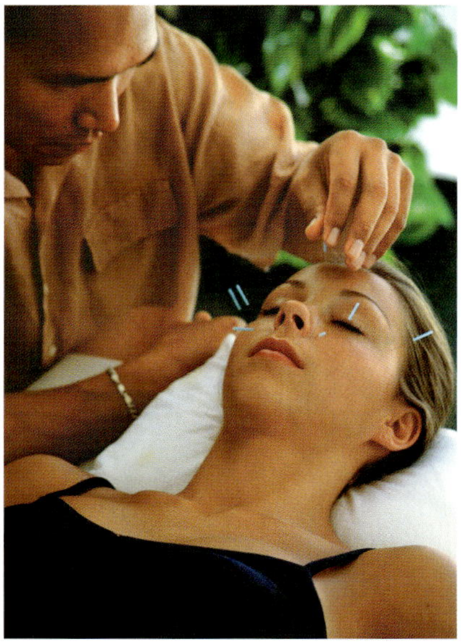

Akupunktur – eine der ältesten Behandlungsmethoden der Menschheitsgeschichte. Im Westen zuerst verspottet, heute dagegen zunehmend geachtet und angewendet.

Warum sollte sich der Qi-Fluss aber ausschließlich auf den menschlichen oder tierischen Körper beschränken? Natürlich durchströmt die Vitalenergie auch den Raum und gleicht im Idealfall einem sanft zirkulierenden Luftstrom. Darüber hinaus beeinflussen sich das im Körper vorhandene Qi und das Qi im Raum gegenseitig. Mit anderen Worten: beide Qi-Arten vermitteln einander im positiven wie im negativen Sinne ihre jeweilige Qualität. Während die Akupunktur darauf zielt, Ungleichgewichte des Energiestromes im Körper zu beseitigen, übernimmt Feng Shui als „Akupunktur des Raumes" die Aufgabe, derartige Störungen in der räumlichen Umgebung des Menschen auszugleichen beziehungsweise zu verhindern. Dafür befasst sich Feng Shui mit den Gesetzmäßigkeiten und Optimierungsmöglichkeiten des Qi-Flusses.

Die Vitalenergie Qi hat viele Auswirkungen. Auf der physischen Ebene ist sie unter anderem mitverantwortlich für die Abwehrfähigkeit des Immunsystems. Parallel dazu beeinflusst das Qi auf der psychischen Ebene die vergleichbare Abgrenzungsfähigkeit des Menschen gegenüber psychisch schwächenden Außenfaktoren (solche Analogien durchziehen das gesamte

Der Qi-Fluss in der Kraft spendenden Natur ist Vorbild für einen harmonischen und aufbauenden Energiestrom im Gebäude.

chinesische Denken). Dies können zum Beispiel überzogene Anforderungen und Erwartungen anderer Menschen sein, oder Stressfaktoren wie Entscheidungsdruck, Informationsüberflutung, Hektik und Lärm. Je konstanter und harmonischer der Qi-Fluss in einem Raum ist, desto größer ist im Allgemeinen die Stresstoleranz der Menschen darin. Das Qi beeinflusst daher auch die Erhaltung des Gemütszustands des Menschen. Außerdem wirkt es auf geistige Leistungsmerkmale wie Konzentrationsfähigkeit, Kreativität und Intuition ein.

Qi ist aber noch mehr: die Vitalenergie bringt auch materiellen Erfolg und Wohlstand mit sich. Hier wird natürlich die Grenze unseres rationalistischen Denkens überschritten. Wir vermögen es uns allenfalls im übertragenen Sinne vorzustellen, dass Energie mit „Cash" gleichgesetzt wird. Aber gerade daran können wir unsere Fähigkeit zum vertikalen, analogen Denken messen. Wo sich das Qi in einem Geschäftsraum sammelt und gleichzeitig auch gehalten wird, fließt nach der Philosophie des Feng Shui auch das Geld. Dort entsteht Reichtum, dort werden kreative, „goldene" Ideen geboren und erhalten die Energie zur erfolgreichen Umsetzung.

Die wesentlichen Gesetzmäßigkeiten im Qi-Fluss lassen sich folgendermaßen beschreiben. Qi entsteht in der Natur und hat die Tendenz, dorthin zurückzukehren. Das Qi folgt den elektromagnetischen Spuren der Menschen, die ein Gebäude betreten. Der Eingang wird im Feng Shui deshalb als *Pforte des Qi* bezeichnet. Jeder Mensch zieht sozusagen eine Energiewolke hinter sich her und trägt das Qi hinein. Der Qi-Fluss besitzt außerdem eine Art natürliche Trägheit. Deshalb besteht überall dort, wo ein Mensch gegangen ist, ein noch einige Zeit anhaltender Energiestrom.

Benutzte Türen sind nach Feng Shui kein Hindernis für den Qi-Strom, selbst wenn sie zeitweise geschlossen sind. Mauern und Einrichtungsgegenstände lassen dagegen kein Qi durch. Spiegel haben eine reflektierende und lenkende Wirkung auf das Qi.

In jedem Gebäude fließt das Qi zuerst zu den Fenstern und durch sie hinaus ins Freie. Transluzentes Glas hingegen lässt Qi nicht entweichen. Auch das elektromagnetische Feld von Pflanzen, die vor einem Fenster stehen, hält das Qi im Raum. Traditionelle Feng Shui-Hilfsmittel für eine Blockierung vor Fenstern sind auch Windspiele und Kristalle. Pflanzen und frische Blumen wirken als so genannte Qi-Auffrischer. Qi wird außerdem

Grafik 5: **Gesetzmäßigkeiten im Qi-Fluss**

- **Qi folgt den elektromagnetischen Spuren des Menschen.**
- **Qi strömt in den Raum durch benutzte Türen und Fenster.**
- **Qi wird „angezogen“ von der freien Natur und von Wasser.**
- **Qi wird im Raum „gehalten“ durch Pflanzen, transluzentes Glas, echte Kristalle, Klangspiele.**
- **Qi wird „aufgefrischt“ durch Wasser, Pflanzen, Blumen, Licht und Bewegung.**
- **Qi wird von Spiegeln reflektiert.**

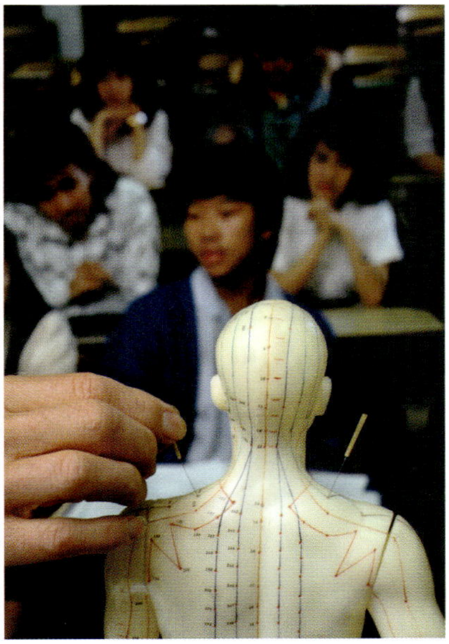

Ein gestörter Energiefluss im menschlichen Körper ist eine der Ursachen für beeinträchtigte Organfunktionen. Im übertragenen Sinn wirkt sich der unausgewogene Qi-Strom in der räumlichen Umgebung ebenso nachteilig aus.

von Wasser angezogen und verstärkt, sofern dieses sprudelt oder fließt, also nicht unbewegt und trüb ist. Alle diese Objekte sollten jedoch mit Bedacht beziehungsweise erst nach einer kompetenten Beratung eingesetzt werden; denn häufig ergeben sich aufgrund bestimmter Raum- und Zeitfaktoren in dem betreffenden Bereich Gegenanzeigen nach dem *Fünf-Elemente-System* (siehe S. 38f.).

Genau wie im Körper eines Menschen gibt es auch in seiner Umgebung Gefahren für Harmonie und Gleichgewicht des Qi-Stromes. Dazu zählen unter anderem energetische Leckagen bei genau gegenüber positionierten Türen und Fenstern. Auf geraden Strecken beschleunigt das Qi und verwandelt sich nach wenigen Metern zu einem angreifenden *Qi-Pfeil* (auch als *Sha Qi* bezeichnet). Oft schießt ein solcher Pfeil am Ende durch eine Tür und prallt mit voller Wucht auf dahinter sitzende Personen. Die negativen Konsequenzen sind vielfältig und umso gravierender, je länger der Angriff dauert. Sie reichen von anhaltenden Kopfschmerzen über andere körperliche Beschwerden bis hin zu stark verminderter Konzentrations- und Leistungsfähigkeit. Befindet sich dahinter noch ein Fenster, so entsteht ein besonders unangenehmer, anhaltender Durchzug. *Qi-Pfeile* mit ähnlich belastender Wirkung können sich im Übrigen leicht auch an den Kanten von Pfeilern, an Wandeinsprüngen und an Ecken von Einrichtungsgegenständen formieren.

Innen liegende Räume haben meist einen hohen Anteil an verbrauchtem Qi, da in ihnen zu wenig frische Luft zirkuliert. Außerdem verschmutzt das Qi leicht; Sanitäreinrichtungen, aber auch jede Art von Abfall verursachen eine Qi-Kontamination. Die gleiche nachteilige Wirkung geht übrigens von anhaltend lauten Geräuschen und schriller Musik aus, welche das Nervensystem stark belasten. Kontaminiertes Qi findet sich auch in verräucherten Räumen sowie in Räumen mit einem hohen Gehalt an Elektrosmog.

Ein besonderes Hindernis für einen vitalisierenden Qi-Strom sind Blockaden durch verstellte Eingänge und Flure. Machen Sie folgendes Experiment: Halten Sie ein Nasenloch zu und atmen Sie mit dem anderen nur noch halb so schnell wie vorher; und dann verlangsamen Sie das Atmen noch einmal. Nach kurzer Zeit kommen Sie in Atemnot und ringen angsterfüllt nach Luft. Genau das ist der Zustand von Gebäuden oder Räumen, die aufgrund einer Blockade nicht genügend Vitalenergie erhalten.

Die Konsequenzen von Gebäuden und Räumen mit ungenügendem, kontaminiertem oder chaotischem Qi-Fluss sind vielfältig. In Bürogebäuden zählen dazu insbesondere Arbeitsleistungen unter der Bestmarke, hohe Fehlerquote, eine als unbestimmt bedrückend empfundene Atmosphäre, Müdigkeit und erhöhter Stress, geringe Kooperationsfähigkeit unter den Mitarbeitern, schlechtes Betriebsklima. Es ist anzunehmen, dass SBS- oder BRI-Beschwerden (*Sick Building Syndrome* beziehungsweise *Building Related Illness*) ganz wesentlich darauf zurückgeführt werden können.

Da der Qi-Strom im übertragenen Sinne auch mit Geld in Verbindung steht, sollte bei anhaltend schwierigen Geschäftsverhältnissen immer auch die Qi-Qualität und -Versorgung im Büro untersucht werden. Feng Shui ist aber, wie bereits gesagt, kein Allheilmittel. Bestehen betriebswirtschaftliche Mängel, so können auch vom besten Qi-Fluss keine anhaltenden Wunder erwartet werden. Wer demgegenüber die unternehmerischen Hausaufgaben erledigt und zusätzlich den Qi-Strom optimiert, verzeichnet meist schon nach kurzer Zeit besseren geschäftlichen Erfolg.

Optimierung heißt dabei zweierlei: Auffrischung und bessere Lenkung des Qi-Stroms.

Eine Auffrischung bewirken beispielsweise Wasserspiele oder Zimmerbrunnen an geeigneten Orten sowie Pflanzen und Blumen. Lassen sich aus funktionalen oder anderen Gründen keine frischen Blumen oder lebenden Pflanzen verwenden, so haben künstliche Pflanzen und Seidenblumen eine ähnliche, wenn auch geringere Wirkung. Sogar ein großes Poster von üppigen, vital aussehenden Pflanzen kann als Qi-Auffrischung dienen. Trockenblumen werden im Feng Shui hingegen als tote Materie betrachtet und daher nicht verwendet.

Wie wäre es mit einer richtigen Pflanzeninszenierung? Eine solche *Qi-Insel* kann in manchen Fällen eine außerordentliche Belebung der Atmosphäre hervorrufen, beispielsweise im Eingangsbereich oder bei Meeting Points. Auch helle Beleuchtung sowie Raumbeduftung mit reinen ätherischen Ölen können eine Qi-Auffrischung nach sich ziehen. Oft kommt auch die einfachste Maßnahme in Frage: mehr lüften!

Wüstenpflanzen wie zum Beispiel Yucca-Palmen und Kakteen sollten nur an Stellen positioniert werden, die einbruchsgefährdet sind. Diese Pflanzen haben als „genetisches Erbe“ mehrere starke Abwehrmechanismen entwickelt, um sich in der Wüste vor Wasserräubern zu schützen. Dazu zählen ihre dicke Haut, die Stacheln oder spitzen Blätter und vor allem die gnadenlose, aggressive Botschaft: „Bleib mir vom Leib oder ich steche und verletze dich!“ Es leuchtet ein, dass solche Pflanzen nicht im Eingangsbereich oder in Wartezonen aufgestellt werden sollten.

Vor allem in hinteren Bürobereichen besteht häufig die Gefahr einer Qi-Stagnation. Solche ungenügend mit frischem Qi versorgte Bereiche kön-

Links oben: Lange, gerade Flure sind eine funktionale Notwendigkeit in herkömmlichen Bürobauten, gleichzeitig jedoch Auslöser für angreifende Energiepfeile.

Rechts: Geschwungene Strukturen führen dagegen zu einer modellierenden Besänftigung des Qi-Stroms.

nen durch sich bewegende Dekorationsobjekte „vitalisiert" werden wie beispielsweise Mobiles oder elektrische Art-Objects, oder durch Lichtspiele und Spots. Licht gilt im Feng Shui als Symbol für Vitalität, Erfolg, Reichtum und Sicherheit. Licht ist zudem Energie, und es beeinflusst als Bestandteil des Qi dessen Art und Qualität.

Auch andere Dekorationen sind hervorragend geeignet, um einen Raum zu beleben. Kann beispielsweise aus praktischen Gründen kein Wasserspiel installiert werden, so ist ein großes Foto oder Plakat mit einem Wasserfall, einem See oder dem Meer eine gute Alternative.

Auch durch die Lenkung des Qi-Stroms können energetisch schlecht versorgte, leblos anmutende Bürobereiche vitalisiert werden. Mit Hilfe einer Qi-Lenkung lassen sich außerdem *Qi-Pfeile* auf geraden Strecken vermeiden. Dies wird beispielsweise durch entsprechend positionierte Raumteiler, Aktenschränke oder Paravents erreicht, wie ebenso durch Spiegel, geschwungene Boden- oder Wand-Markierungen, versetzt angeordnete Beleuchtungskörper und geschwungene Lichtleisten.

Die Fünf Elemente Der Begriff Energie hat im Feng Shui doppelte Bedeutung. Einerseits ist damit die *fließende* Vitalenergie Qi gemeint, andererseits die *stehenden* Energien von unbewegten Kraftfeldern im Raum. Feng Shui analysiert diese Kraftfelder aufgrund besonderer Prinzipien.

Vulkanbrunnen – Feuerform und Wasserelement. Der entstehende Elementenkonflikt wird bewusst geduldet, wenn er gezielt zur Energetisierung sonst „lebloser“ Raumbereiche eingesetzt wird.

Basis dafür ist die Erkenntnis, dass alles Existierende – gleich ob stofflich oder immateriell – aus „Bausteinen“ mit fünf unterschiedlichen Schwingungsmustern besteht. Diese werden von alters her Holz, Feuer, Erde, Metall und Wasser genannt. In der chinesischen Naturphilosophie werden diese Schwingungsmuster als *Wandlungsphasen* bezeichnet. Allgemein hat sich für sie der Begriff *Fünf Elemente* eingebürgert.

Die *Fünf Elemente* sind nicht mit den Elementen der griechischen Philosophie gleichzusetzen, sondern können eher dem westlichen Periodensystem der chemischen Elemente gegenübergestellt werden. Der wesentliche Unterschied besteht darin, dass im westlichen Denken alle Erscheinungen quantitativ und strukturell, in der östlichen Anschauung dagegen qualitativ und analog betrachtet werden. Es ist daher nicht möglich, das System der *Fünf Elemente* ausschließlich rational und linear-horizontal nachzuvollziehen. Immer müssen mehrere Ebenen zum Verständnis der einzelnen Elemente vertikal verknüpft werden.

Jedes Element wird durch eine Vielzahl so genannter „materieller Repräsentanten“ vertreten. Dazu zählen beispielsweise Gebrauchs- und Kunstgegenstände sowie Dekorationen aus unterschiedlichen Materialien. Ein Beispiel: Wasser fließt in der Natur immer nach unten. Entsprechend werden im Feng Shui alle stofflichen und immateriellen Erscheinungen, deren Schwingungsrichtung ebenfalls als nach unten verlaufend angesehen wird, als Wasser bezeichnet. Neben dieser inneren Schwingungsstruktur wird auf einer weiteren Ebene auch die charakteristische Form betrachtet: dem Element Wasser wird danach alles zugeordnet, was der Wellenstruktur des Wassers entspricht, wie beispielsweise gewellte Dach- oder Häuser-

Die Qi-Auffrischung durch Wasser-Repräsentanten kann eine frische Atmosphäre des Erfolgs hervorrufen. Wenn nicht gleichzeitig eine repräsentative Funktion erfüllt werden muss oder die Raumgröße es nicht zulässt, kann auch eine Wasserschale mit einer kleinen Pumpe und einigen Steinen, die kreativ und geschmackvoll angeordnet werden, diesen Zweck erfüllen.

Grafik 6: **Repräsentanten der „Fünf Elemente"**

Holz		Alle Grüntöne, Pflanzen, Bäume, entsprechende Fotos oder Bilder, grüne Dekorationsgegenstände, grüne Stoffe, sehr helles Holz, Säulenformen.
Feuer		Alle Rottöne, Fotografien oder Bilder von Feuer oder aktiven Vulkanen, rote Dekorationen und Mobiliar, dreieckige spitze Formen und gezackte Linien.
Erde		Beige, Gelb, Braun, Sand- und Schlammfarben, Dekorationen aus Keramik, Ton, Felsen, naturfarbene geflieste Böden, beiges oder braunes Parkett, rechteckige Formen, horizontale Linien.
Metall		Gold, Silber, Kalkweiß, metallfarbene Dekorationen, Gebrauchsgegenstände aus Metall, runde oder kuppelförmige Formen und Linien.
Wasser	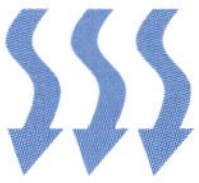	Alle Blautöne, Brunnen, Fotografien oder Bilder, die Wasser zeigen oder damit assoziiert werden, blaue Dekorationen sowie Stoffe, gewellte Formen und Linien.

formen. Die nächste Verknüpfungsebene betrifft die Farbe: alle Blautöne gehören zum Element Wasser (einige Feng Shui-Schulen betrachten auch Schwarz als Farbe des Elements Wasser). Ob Struktur, Form oder Farbe eines Gegenstands am wichtigsten ist, lässt sich nicht leicht bestimmen: Die Hierarchie der Merkmale ist extrem wandelbar, was ein Ärgernis für westlich geprägtes Denken darstellt. Oft ist die Hierarchie von der Intensität oder Ausdehnung eines materiellen Repräsentanten abhängig. Im Allgemeinen „sticht" aber die Farbe. Fast alle Gegenstände in blauer Farbe gehören also zum Element Wasser, selbst wenn sie beispielsweise aus Holz oder Keramik bestehen. Außerdem gibt es noch eine Fülle weiterer Zuordnungsebenen wie zum Beispiel Himmelsrichtungen, Jahreszeiten, Emotionen, Fähigkeiten, Abneigungen, Berufe und Tätigkeiten, Nahrungsmittel und Körperorgane.

Das Spannende an den *Fünf Elementen* ist, dass sie untereinander ständig interagieren. Diese Wechselwirkung kann je nach Element grundsätzlich „freundlich" oder „feindlich" verlaufen. Anders ausgedrückt: das *energetische Feld* eines Elements verhält sich zu manchen Elementen kompatibel und harmonisch, zu anderen besteht dagegen ein Spannungskonflikt. Dies

Grafik 7: **Interaktion der „Fünf Elemente“**

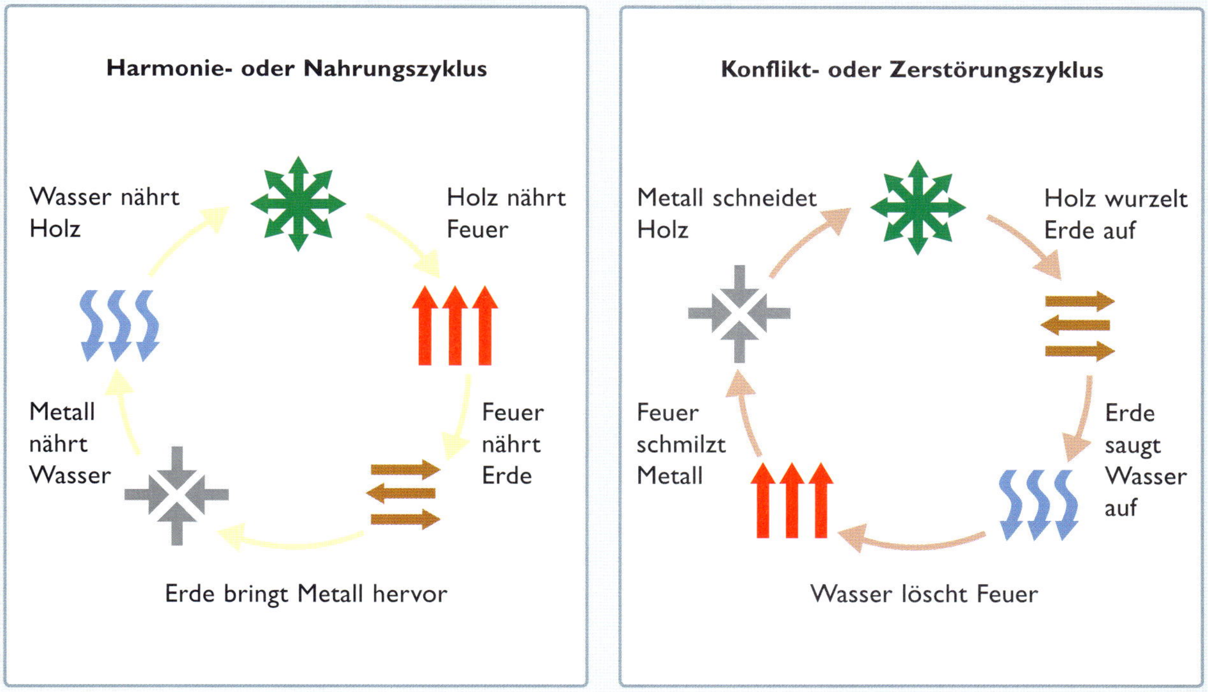

hat vielfältige Auswirkungen. Vor allem werden sowohl Harmonien als auch Konflikte zwischen den Elementen vom Menschen unbewusst wahrgenommen: Es sind positive oder negative Botschaften an das Unbewusste.

Die beiden Interaktionsarten der *Fünf Elemente* werden in Zyklen dargestellt (siehe Grafik 7 oben). Der *Harmonie- oder Nahrungszyklus* zeigt die harmonischen Wechselbeziehungen der Elemente. Danach „nährt“ Holz das Feuer, Feuer bringt Asche (= Erde) hervor, Erde ist die „Mutter des Metalls“, in Metallgegenständen kann sich Wasser sammeln, Wasser nährt wiederum Holz. Aus diesen Wechselwirkungen folgt gleichzeitig: Sollte ein bestimmtes Element zu schwach ausgeprägt sein, kann es durch materielle Repräsentanten des eigenen beziehungsweise des jeweils nährenden Elements gestärkt werden.

Beispiel: Eine grüne Pflanze entspricht dem Element Holz. Soll die Holz-Energie verstärkt werden, so könnte die Pflanze entweder in einen grünen Topf (gleiches Element) oder in einen blauen Topf gepflanzt werden (Blau = Wasser, und Wasser nährt Holz). Wird dagegen ein Silbertopf verwendet, so „stärkt“ dessen Metall-Energie das Wasser im Topf, welches seinerseits das Holz-Element der Pflanze stärkt.

Der *Konflikt- oder Zerstörungszyklus* zeigt dagegen, zwischen welchen Elementen Spannungen bestehen: Holz zerstört die Erde, Erde saugt das Wasser auf, Wasser löscht das Feuer, Feuer schmilzt das Metall und Metall schneidet das Holz. Folgerung: wo beispielsweise Grün und Gelb aufeinander prallen gibt es einen Konflikt zwischen den Elementen Holz und Erde. Sind die Farben großflächig, so verbreitet der Konflikt ein störendes Schwingungsfeld. Betritt ein Mensch dieses Feld, so empfängt sein Unbewusstes die Botschaft „Achtung, hier liegt Spannung in der Luft!“ Eine Farbgestaltung im Harmoniezyklus wirkt hingegen ausgleichend.

Jeder Raum ist mit einer Vielzahl solcher Harmonien und Konflikte gefüllt. Je großflächiger sie sind, desto stärker ist ihre Wirkung auf das Unbewusste. Vergleicht man sie zum Beispiel mit Wetterlagen, so gibt es manche Räume mit herrlich mildem Sommerwetter. In anderen herrschen dagegen ständig Blitz, Donner und Kälte. Bereits dadurch erscheinen uns manche Räume als anziehend und wohltuend, andere dagegen als höchst ungemütlich, kalt und abweisend.

Konflikte zwischen den Elementen sind allerdings nicht in allen Fällen negativ, sondern bisweilen auch erwünscht. Denn jedes Element kann auch in zu intensiver Form auftreten. Getreu dem taoistischen Grundgedanken des Ausgleichs von Extremen ist es dann angebracht, dieses Element abzuschwächen.

Pflanzen sind Repräsentanten des Elementes Holz. Geschickt eingesetzt gleichen sie Konflikte zwischen den Elementen Wasser und Feuer aus.

Elementenkonflikte können also manchmal auch eine durchaus erwünschte Spannung erzeugen, sofern die Elemente bewusst gegeneinander gesetzt werden. Hierdurch wird beispielsweise ein ansonsten lebloser Raumbereich vitalisiert.

Ringsumher werden Sie wahrscheinlich viele derartige Konflikte entdecken. Diese können durchaus auch nur zwischen Formen bestehen. Beispielsweise entsprechen spitze Formen dem Element Feuer, stehen also im Konflikt mit wellenförmigen Wasser-Formen. Schlanke, säulenförmige Strukturen entsprechen dem Element Holz, stehen also im Konflikt mit rechteckigen Erde-Formen.

Wie sich derartige Konflikte in der Einrichtungsgestaltung möglichst ausgleichen lassen, zeigt ein weiterer Zyklus von großer Relevanz: der *Brückenzyklus.* Er stellt dar, wie ein unerwünschter Konflikt zwischen zwei Elementen durch Hinzunahme eines dritten „überbrückt“ wird. Das dritte Element steht mit den beiden „Feinden“ in Harmonie und zieht damit die konflikthafte Energie auf sich. Zwischen Wasser (Blau) und Feuer (Rot) wäre dies das Element Holz (zum Beispiel eine Grünpflanze), das vom Wasser genährt wird und seinerseits wiederum das Feuer nährt.

Grafik 8: **Brückenzyklus**

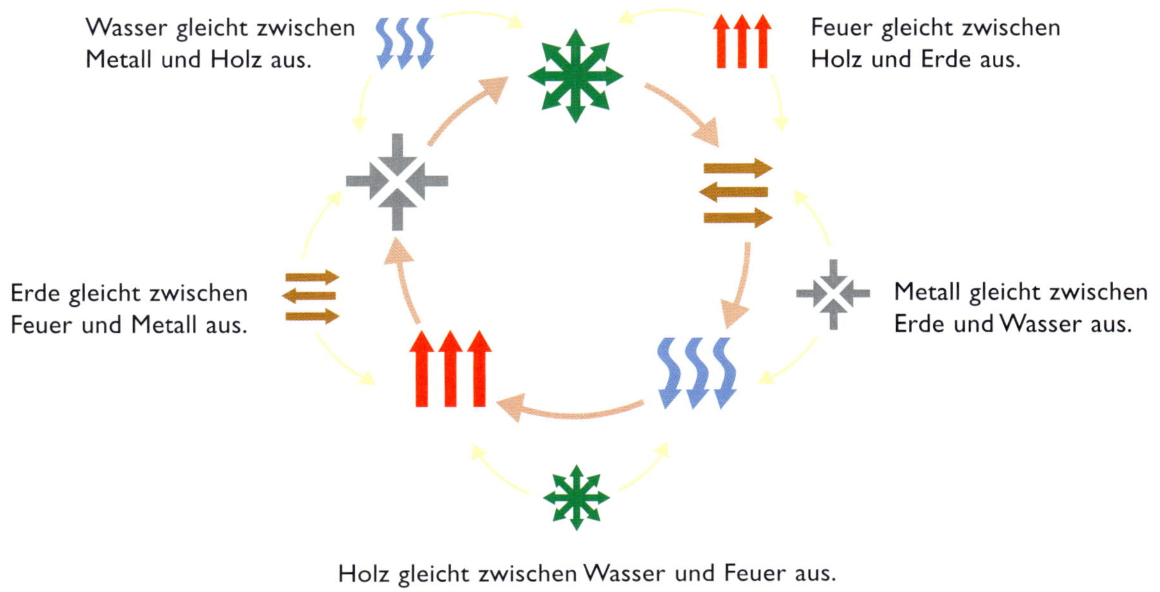

Die Energiestruktur von Mensch und Gebäude Auch Menschen haben „ihre" Elemente. Genauer gesagt: jedem Menschen lassen sich mehrere Elemente zuordnen, aus denen sich seine *energetische Struktur* ergibt. Diese nennen wir das *Feng Shui-Profil.* In erster Linie handelt es sich dabei um eine Zuordnung, die durch das Datum, den Ort und die Uhrzeit der Geburt bestimmt wird. Das Feng Shui-Profil ist somit ein astrologisch bestimmtes Psychogramm der Persönlichkeit. Es gibt unter anderem Hinweise auf psychische Eigenschaften und damit verbundene Lebensaufgaben sowie auf möglicherweise stressanfällige Körperbereiche („locus minoris resistentiae") und mit ihnen verknüpfte psychische Herausforderungen. Gleichzeitig vermittelt das Feng Shui-Profil Hinweise auf die individiuell stärkenden oder schwächenden Elemente und ist Basis für die Berechnung der Zeitqualitäten im Leben eines Menschen. Diese können im übertragenen Sinn wie „Rückenwind" oder „Gegenwind" im Lebensablauf auftreten. Aufgrund der Gefahr oberflächlicher Etikettierungen müssen derartige Analogien selbstverständlich differenziert und mit besonderer Vorsicht behandelt werden.

Beliebt sind im Feng Shui die ebenfalls auf dieser Zuordnung beruhenden so genannten „günstigen“ und „ungünstigen“ Schlaf-, Arbeits- und Reiserichtungen eines Menschen.

Natürlich kann auch zwischen den Menschen aufgrund ihrer unterschiedlichen energetischen Struktur Harmonie bestehen oder Spannung herrschen. Dies ist einer der Gründe, warum wir mit manchen Menschen instinktiv gut zurechtkommen, während bei anderen „die Chemie nicht stimmt“. Im Geschäftsleben ergeben sich daraus wichtige Folgerungen. Beispielsweise können unerklärliche Spannungen in Projektteams auf starke Elementenkonflikte zurückzuführen sein, die den Teammitgliedern völlig unbewusst sind. Trotz guten Willens ist die Kooperationsfähigkeit dann von vornherein geringer, das Arbeitsergebnis entsprechend schwächer.

Aber nicht nur Menschen, sondern auch Gebäude haben ihre eigene energetische Struktur. Bestimmend für das hervortretende *Hauptelement* ist die Positionierung des Gebäudes nach den Himmelsrichtungen. Allerdings bestehen gerade hierbei unterschiedliche Schulmeinungen, nach welchen Grundsätzen vorzugehen ist. Die allen gemeinsame Basis ist die Einbindung der acht Himmelsrichtungen in das *Fünf-Elemente-System* sowie die Unterteilung des Gebäudes in acht Gebäudesektoren. Die Konsequenz: Zwischen dem Hauptelement des Gebäudes und den jeweiligen Elementen der acht Gebäudesektoren kommt es zu Interaktionen, die wiederum entsprechend der Zyklen entweder in Harmonie oder Spannung resultieren. Relevant wird diese Wechselwirkung natürlich auch in jedem Büro. In Bezug auf die Leistungsfähigkeit der Beschäftigten und die Effizienz der Arbeitsprozesse macht es einen Riesenunterschied, ob sich der Arbeitsplatz in einem harmonischen oder in einem spannungsreichen Sektor des Gebäudes befindet, also sozusagen im Sonnenschein oder im Dauerregen.

Elementenkonflikte können nach dem *Brückenzyklus* durch Dekorationen mit Farbakzenten ausgeglichen werden. Bestehende Harmonien lassen sich dagegen durch Dekorationen nach dem *Harmoniezyklus* verstärken. Ein Beispiel: Ist ein Raumbereich dem Element Holz zugeordnet und weist er ein insgesamt positives Feld auf, so lässt sich dieses durch Dekorationen mit Formen und Farben verstärken, die den Elementen Holz und Wasser zuzuordnen sind (Wasser nährt Holz).

Schließlich ist auch noch das Wechselspiel zwischen der energetischen Struktur eines Arbeitenden und dem Gebäudesektor von Bedeutung. Je nachdem wo sein Arbeitsplatz liegt, befindet er sich entweder in Harmonie oder im Konflikt damit und wird unbewusst in energetischer und psychischer Hinsicht laufend entweder gestärkt oder geschwächt. „Das Haus und der Raum sind größer als der Mensch", sagt eine Regel des Feng Shui. Das ganze Beziehungsgeflecht wird noch um einiges komplizierter, wenn nicht nur die Zusammenhänge zwischen Mensch und Raum in Betracht gezogen werden, sondern zusätzlich auch die zeitliche Dimension berücksichtigt wird.

Alle Zeitphasen – wie Jahre, Monate, Tage und Tageszeiten – sind mit den Elementen gekoppelt und erhalten dadurch eine spezifische energetische Qualität. Aufschluss darüber gibt der so genannte „Tausendjährige chinesische Kalender". Auch diese Zeitqualität interagiert mit der energetischen Struktur des Raumes sowie des Menschen, und zwar nach dem gleichen *Fünf-Elemente-System* entweder als Harmonie oder als Konflikt. Nicht verwunderlich ist, dass es gerade bei dieser komplizierten Materie den unvermeidlichen Schulenstreit mit unterschiedlichen Betrachtungen gibt.

Die Berechnung und Nutzung der komplizierten Elementenbeziehungen erfordert eine qualifizierte Beratung. Im Rahmen eines Buches dazu allgemeine Empfehlungen geben zu wollen, käme ungefähr dem Verfassen eines medizinischen Laienratgebers mit dem Titel „Das 1x1 der Notfalloperation" gleich. Dennoch sei die generelle Maxime des Feng Shui erwähnt: Wer ständig in einem energetischen Konflikt wohnt oder arbeitet, soll umso intensiver sowohl durch einen optimalen Qi-Fluss als auch durch materielle Repräsentanten (Dekorationen, Schreibtischgegenstände usw.) der ihn oder sie persönlich stärkenden Elemente energetisch unterstützt werden.

Hierzu ein Beispiel: Entsprechende Berechnungen haben ergeben, dass Herr Müller vorherrschend dem Element Metall angehört, und zwar in einer geringen Intensität. Hieraus folgt, dass die Elemente Erde und Metall für Herrn Müller stärkend wirken, die Elemente Wasser und Holz dagegen sozusagen Kräfte zehrend. Das Bürohaus, in dem Herr Müller arbeitet, hat das Element Feuer, zu dem er in einem energetischen Konflikt steht (Feuer schmilzt Metall). Sein Arbeitszimmer liegt jedoch in einem Erde-Sektor des Gebäudes. Das Element Erde, das ihn stärkt, ist zugleich ein Brückenelement für den Konflikt zwischen Feuer und Metall (Gebäude/Mensch), der dadurch ausgeglichen wird.

Bei der Einrichtung seines Büros sollte Herr Müller zurückhaltend mit großflächigen Feuer- und Holz-Elementen sein. Besteht außerdem eine für ihn ungünstige, schwächende Wasser-Zeitphase, so könnte er zum Ausgleich Erde-Repräsentanten einsetzen, die sein Metall-Element stärken und unterstützen.

Das Beispiel ist der Anschaulichkeit halber stark vereinfacht. In der Feng Shui-Praxis werden viele weitere Punkte einbezogen. Außerdem muss berücksichtigt werden, dass im Grunde jeder Mensch alle fünf Elemente benötigt. Es wäre ein Widerspruch zum taoistischen Grundgedanken des Ausgleichs, sich ausschließlich mit den individuell stärkenden Elementen zu umgeben. Insgesamt gilt jedoch: Jeder Mensch fühlt sich langfristig physisch und psychisch desto ausgeglichener und leistungsfähiger, je größer die Harmonie des ihn umgebenden und mit ihm interagierenden energetischen Beziehungsgeflechts ist.

Bei der Bürogestaltung sollte auch Folgendes berücksichtigt werden: Farben verbreiten durch ihr Energiefeld auch dann ihre spezifische energetische Qualität, wenn sie nicht vom Auge wahrgenommen werden. Ist ein Raum vorherrschend in einer bestimmten Farbe eingerichtet, so interagiert die Energie dieser Farbgebung mit dem energetischen Feld von Mensch, Gebäude, Raum, Einrichtung und Zeitqualität – auch wenn es dunkel ist. Die aus dieser Interaktion resultierende Harmonie oder Spannung ist fester Bestandteil der Atmosphäre oder der „Seele“ des Raumes.

Die vielfältige Beziehung zwischen Farben, Psyche und Wohlgefühl ist seit langem bekannt. Farbdifferenzierungen finden aber erst allmählich ihren Weg in das Büro.

Werden alle Räumlichkeiten eines Büros in der gleichen Farbe gestrichen, so widerspricht dies der Unterschiedlichkeit der energetischen Struktur von Mensch und Raum. Werden einzelne Räume oder Bereiche hingegen behutsam durch unterschiedliche Farben, Materialien und Formen differenziert, dann haben Sie dadurch Wahlmöglichkeiten: Erstens können Sie sich bewusst (oder intuitiv) den Raum wählen, der Sie stärkt. Zweitens könnte auch das Arbeitsergebnis energetisch unterstützt werden. Beispiel: Kreative Gesprächsthemen wie beispielsweise Werbekampagnen entsprechen dem Element Holz und werden daher im Allgemeinen in Räumen gefördert, die verstärkt Holz-Repräsentanten aufweisen. Die geforderte Kreativität würde dagegen in einem Raum mit vielen Metall-Repräsentanten (oder in einem Raum im Metall-Sektor des Gebäudes) beschnitten. Dieser würde sich besser für das Thema Finanzen (= Element Metall) eignen.

Morphische Felder

Außer den Energien der *Fünf Elemente* bestehen in jedem Raum noch weitere Kraftfelder. Hierzu zählen die elektromagnetischen Kraftfelder des so genannten „Globalgitternetzes“[11] sowie vor allem die nichtstofflichen *morphischen Felder.* Dieser Begriff wurde von dem englischen Biochemiker Dr. Rupert Sheldrake eingeführt. Seine aufgrund ihres Widerspruchs zum mechanistischen Weltbild rege diskutierten Aussagen

Morphische Informationsfelder – hier am Bildschirm angedeutet – sind tragende Bestandteile der Atmosphäre und „Persönlichkeit" jedes Raumes.

behandeln unter anderem die Speicherung von „Erfahrungen" in Informationsfeldern. Beispielsweise sind in dem Kraftfeld um einen bestimmten Ort Informationen über alle Ereignisse gespeichert, die bis zum heutigen Tag dort stattgefunden haben.

Jeder Mensch tritt durch *morphische Resonanz* in der Regel unbewusst mit diesem Feld in Verbindung. Auch Feng Shui befasst sich mit dem Informationsfeld, das jeder Ort, ja jeder Gegenstand und jeder Organismus im Laufe seiner Existenz um sich herum aufbaut. Erinnern Sie sich an die „Botschaft" der Wüstenpflanzen?

Das morphische Feld um den Geschäftssitz eines in Konkurs gegangenen oder übernommenen und stückweise verkauften Unternehmens ist wahrscheinlich stark von Schwingungen der Angst, Enttäuschung oder Wut gekennzeichnet. Es unterscheidet sich erheblich vom morphischen Feld, das bei einem erfolgreichen Unternehmen, in der Nähe eines Parks oder neben einer Konzerthalle besteht. Bei einem Umzug oder Neubau sollte deshalb die Vorgeschichte des betreffenden Gebäudes oder des Bauplatzes unbedingt berücksichtigt werden. Es kann sein, dass der betreffende Platz aufgrund seines ungünstigen morphischen Feldes Nachteile aufweist. Ein Standort, an dem umgekehrt schon seit langer Zeit der Erfolg zu Hause ist, wäre unter diesem Aspekt dann besser geeignet.

Feng Shui-Maße: der Schönheitskanon des Ostens Im Feng Shui haben alle Maße eine bestimmte, entweder günstige oder ungünstige Bedeutung. Diese Bewertung ergibt sich aus Proportionen, die – ähnlich dem westlichen Goldenen Schnitt – als natürlich und heil angesehen wurden. Als zentraler Wert gilt der so genannte *Feng Shui-Fuß* (42,96 cm). Er wird wiederum in acht gleiche Abschnitte aufgeteilt. Wenn bei der Innengestaltung für Türen, Fenster, Mobiliar, Bilderrahmen etc. die entsprechenden günstigen Maße berücksichtigt werden, so wird der Mensch energetisch gestärkt. Ungünstigen Abmessungen wird dagegen ein schwächender Einfluss nachgesagt. Beispielsweise fördert nach Feng Shui ein Tisch, bei dem zumindest zwei der drei Maße Breite, Höhe und Tiefe im günstigen Bereich liegen, konzentriertes Arbeiten und erfolgreiche Verhandlungen.

Variabilität der Büromöbel – günstige Feng Shui-Maße können auf diese Weise gezielt genutzt werden.

Grafik 9: **Feng Shui-Maße**

Als günstig gelten folgende Maße:

- 0–5,3 cm, 16,2–26,8 cm, 37,6–43 cm,
- 43 cm oder ein Vielfaches davon zuzüglich der vorher genannten Maße,
- weitere Beispiele:

0,43–0,48 m	0,60–0,69 m	0,81–0,91 m	–	–
1,03–1,12 m	1,25–1,33 m	1,46–1,55 m	1,68–1,77 m	1,89–1,98 m
2,11–2,20 m	2,32–2,41 m	2,54–2,63 m	2,75–2,84 m	2,97–3,06 m
3,18–3,27 m	3,40–3,49 m	3,61–3,70 m	3,83–3,91 m	–
4,05–4,13 m	4,26–4,35 m	4,47–4,56 m	4,68–4,79 m	4,90–4,99 m

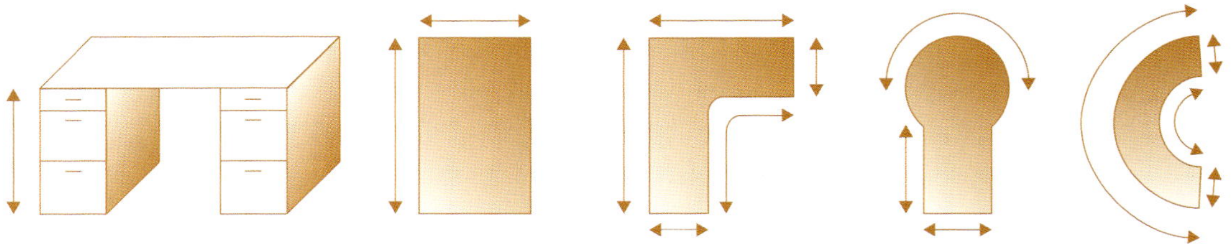

Die Acht Lebenssituationen Wie gern die Begründer des Feng Shui Analogien verwendeten, wird auch bei dem System der so genannten *Acht Lebenssituationen* (oder *Bagua* beziehungsweise *Pa kua* = „Achteck“) deutlich. Ausgangspunkt dieses Systems sind eigentlich die acht Himmelsrichtungen. Mit ihrem jeweiligen 45°-Sektor bilden sie eine kreisförmige Ganzheit. So wie diese Ganzheit in räumlicher Beziehung besteht, muss es sie dem vertikalen Denken zufolge auch auf anderen Ebenen geben. Eine solche Ebene betrifft die Grunderfahrungen des menschlichen Lebens. Diese können daher ebenfalls in acht grundlegende Bereiche aufgeteilt werden.

Diese *Acht Lebenssituationen* betreffen fundamentale Themen, mit denen die Menschen seit Urzeiten konfrontiert wurden. Die Bezeichnungen weisen auf die archetypische Bedeutung und bleibende Gültigkeit hin:

- *Reise,* das heißt der Lebensweg,
- *Kontemplation,* das heißt Spiritualität und Wissen,
- *Ältere,* das heißt die Vergangenheit, die Familie, das genetische Erbe und die übergeordnete Gemeinschaft sowie der eigene Körper und die physische Gesundheit,

- *Reichtum,* das heißt äußerer Wohlstand und innere Schätze oder Segnungen,
- *Erleuchtung,* das heißt Ruhm, Anerkennung im Außen sowie wahres Selbstvertrauen und Selbstbewusstsein,
- *Liebe,* das heißt die Beziehung zum Partner,
- *Kinder,* das heißt leibliche, aber auch geistige Kinder sowie Kreativität,
- *Mentoren,* das heißt Freunde und andere hilfreiche Menschen.

In der Mitte des Bagua befindet sich ein neunter Bereich, in dem alle anderen Bereiche zusammenfließen: er wird als *Tao* bezeichnet. Gelänge es dem Menschen, alle acht Bereiche in gleichem Ausmaß in sein Leben zu integrieren, dann wäre er wahrhaft gesund und in seiner Mitte.

Die acht archetypischen Lebensbereiche lassen sich auch auf das Geschäftsleben übertragen: der Bereich Reise entspricht in diesem Fall der strategischen Planung. Aus der Kontemplation werden Corporate Knowledge und Schulung der Mitarbeiter, aus den Älteren Kernkompetenzen, Vorgesetzte und die Konzernspitze. Reichtum entspricht dem Geschäftserfolg, Erleuchtung dem Image oder der Marktführerschaft. Der Bereich Liebe schließt das Betriebsklima ein, der Bereich Kinder das Marketing, Forschung und Entwicklung, neue Projekte oder Produkte sowie Filialen. Mentoren entsprechen im Geschäftsleben schließlich dem Netz an Beziehungen beispielsweise zu Kunden, Lieferanten, Dienstleistern und Opinion Leaders. Sind alle Geschäftsbereiche des *Bagua* gleichmäßig mit Energie versorgt, dann ist ein Unternehmen in jeder Beziehung gesund.

Welche Relevanz haben diese Ausführungen? Das System der *Acht Lebenssituationen* wird im Feng Shui auf Räume übertragen.[12] Das *Bagua* kann sich dann auf Grundstücke, Gebäude, Räume und sogar auf Schreibtischoberflächen beziehen. Diese haben aber oft eine unregelmäßige Form. Bei Gebäuden oder Räumen ohne rechteckigen, runden oder symmetrischen Grundriss fehlen daher einer oder mehrere der acht Bereiche. Das bedeutet, dass es in diesem Raum an der mit dem jeweiligen Fehlbereich verknüpften Energie mangelt, woraus sich Konsequenzen für das entsprechende Lebensthema beziehungsweise die unternehmerische Zielsetzung ergeben.

Fehlt beispielsweise der Gebäudesektor *Reichtum,* so verfügt dieser Bereich im Leben des dort wohnenden Menschen oder dort tätigen Unternehmens über wenig Energie. Die Folge ist, dass beide sich vermehrt anstrengen müssen, um finanziell anhaltend erfolgreich zu sein. Unter anderen räumlichen Umständen ließe sich dieses Ziel mit weniger Aufwand errei-

Der Oscar: ein unmittelbar verständliches (und für westliches Denken stimmiges) Symbol für Erfolg und Ruhm.

Grafik 10: **Bagua im Geschäftsleben**

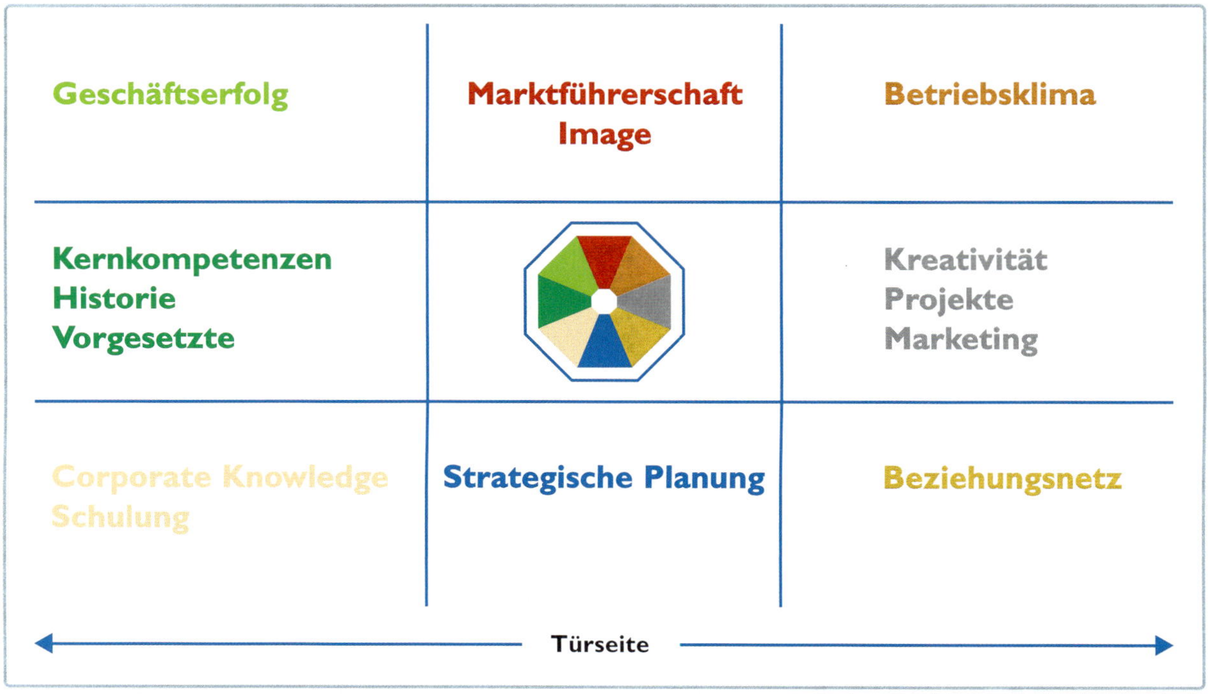

chen; die entsprechende Energie könnte in anderen Bereichen Gewinn bringend eingesetzt werden. Und darum geht es im Feng Shui: eigene Talente, Fähigkeiten, Kraft und Energie mit Leichtigkeit zu nutzen, nicht „im Schweiße des Angesichts“, wie wir es aus unserem kulturellen Hintergrund heraus gewohnt sind!

Feng Shui kennt aber verschiedene Maßnahmen, um fehlende Bereiche auszugleichen. Diese können beispielsweise durch Lichtquellen, Spiegel, Dekorationen oder Illusionsmalerei (Trompe-l'œil-Malerei) im übertragenen Sinne wieder integriert werden.

Das System der *Acht Lebenssituationen* hat noch eine zweite Bedeutung: Die Energie eines bestimmten Bereiches kann durch Symbole zusätzlich „aktiviert“ und verstärkt werden. Um wichtige Lebensziele zu verwirklichen, ist dieses Vorgehen wirksamer als die aus dem positiven Denken bekannte Technik wiederholter Wortaffirmationen. „Ein Bild sagt mehr als tausend Worte“, lautet eine chinesische Weisheit. Daher vermittelt das richtige Symbol eine vielfach stärkere mobilisierende Botschaft an das Unbewusste. Die ständige Präsenz des Symbols macht den Menschen resonanter für die mit dieser Botschaft verknüpften Schwingungen. Im übertragenen

Kopf des Buddha: in der eigenen Mitte ruhen. Die Yang-Überbetonung unserer Zeit macht diese Fähigkeit als heilenden Ausgleich, der zugleich innere Quellen für Kreativität und Selbstbewusstsein besser erschließt, immer wertvoller.

Sinne schaltet er auf Empfang und zieht nach dem Gesetz der Resonanz gleiche Schwingungen an. Dadurch kann er leichter sein Potenzial auf dem betreffenden Gebiet aktivieren (siehe auch Kapitel 3, S. 74).

Tiefenpsychologie – die inneren Räume

Nach der westlichen mechanistischen Weltauffassung existiert zwischen der äußeren Umgebung und den „inneren Räumen“ im Menschen, seinem Unbewussten, keinerlei funktionaler Zusammenhang. Das fernöstliche Denken geht hingegen – basierend auf den vertikalen Analogieketten – von einer engen Beziehung zwischen Raum und Psyche aus. Ein besseres Verständnis dafür ergibt sich aus den folgenden tiefenpsychologischen Zusammenhängen. Es ist im Übrigen sicher kein Zufall, dass sich Carl Gustav Jung – neben Sigmund Freud (1856–1939) der wichtigste Erforscher der Psyche – lebhaft für die fernöstliche Weisheit interessierte.

„Herr im eigenen Haus?“

Das Unbewusste des Menschen kann schöpferische Quelle der Kreativität sein und Innovationen hervorbringen, die wesentliche Basis für geschäftlichen Erfolg bedeuten. Das Unbewusste kann aber auch Kräfte verzehren, Energien binden, durch Antriebslosigkeit, Frustration oder Aggression als Fallstrick wirken.

Aber was hat dies mit dem Thema Büroeinrichtung zu tun? Die Antwort liegt in den inneren Räumen unserer Psyche. Dort rufen jede Büroumgebung, ja überhaupt die meisten Gegenstände, Formen und Strukturen, denen wir begegnen, die unterschiedlichsten Reaktionen hervor. Das Ergebnis dieser unbewussten Reaktionen sind vor allem Gefühle, Bildfantasien und Gedankenassoziationen, aber gleichzeitig auch Veränderungen unserer Leistungsfähigkeit und unseres Gemütszustandes. Derartige Phänomene können insbesondere von Dekorationen, Bildern und Kunstgegenständen in Eingangsbereichen, Büros oder Konferenzräumen verursacht werden. Diese entfachen also eine positive, kreativ-schöpferische und Energie lösende Wirkung, oder sie rufen einen negativen, emotional versteinernden oder zerstörenden und Energie bindenden Effekt hervor.

Bereits von Sigmund Freud stammt die Erkenntnis, dass das Ich „nicht Herr im eigenen Haus ist“.[13]

Herr oder Herrin im eigenen Hause zu sein hieße unter anderem, die eigene emotionale Befindlichkeit, das Verhalten und die Leistungsfähigkeit jederzeit willentlich steuern und beeinflussen zu können. Wir müssen jedoch immer wieder feststellen, dass dies nicht so selbstverständlich ist wie wir annehmen. Häufig sind im Gegenteil unsere Gefühle und Reaktionen von Faktoren abhängig, die uns völlig unbewusst sind und die wir daher nicht beherrschen können.

Ein Eisberg – genau wie die menschliche Psyche nur zum weit kleineren Teil bewusst erfassbar.

Die folgende Ereigniskette haben Sie in ähnlicher Form sicher vielfach erlebt. Sie kommen gut gelaunt in Ihr Büro, sind motiviert, haben verschiedene viel versprechende Ideen für einen wichtigen Gesprächstermin und wollen sich gleich an die Arbeit machen. Da kommt ein problematisches Telefongespräch dazwischen. Gleich darauf erhalten Sie Druck „von oben" und müssen sich mit der Beschwerde eines wichtigen Kunden und der mangelhaften Zuarbeitung eines Mitarbeiters herumärgern. Der geplante Termin rückt näher, aber so vieles müsste noch erledigt werden! Hektik kommt auf. Die Top-Ideen von vorher erweisen sich als nicht realisierbar. Nun sind dringend einige kreative Einfälle gefragt. Aber Ihre Kreativität ist wie weggeblasen; die erhofften Geistesblitze bleiben plötzlich aus.

Dann gerät ein an sich lächerlicher Vorfall zum Streitauslöser. Rivalitäten, die unter der Oberfläche des Alltags verborgen waren, brechen plötzlich auf. Scheinbar schon längst „Abgehaktes" erweist sich als erstaunlich präsent. Gefühle von Frustration, Ärger, Angst und Müdigkeit treten in den Vordergrund. Der Tag scheint „gelaufen" zu sein.

Schließlich hasten Sie zu Ihrem Termin. In dessen Verlauf erfahren Sie beiläufig aber von dem günstigen Eindruck, den Ihre Arbeit bei einem unentbehrlichen Geschäftspartner gemacht hat. Jetzt haben Sie unvermittelt einige hervorragende Einfälle. In kurzer Zeit bekommen Sie nun alle Herausforderungen in den Griff. Sie sind stolz auf sich und blühen auf: ein erfolgreicher Tag!

Woher stammen die Einflüsse, denen ein schwankender Gemütszustand unterworfen ist? Wo bleiben dabei Willenssteuerung und positives Denken? Hier zeigt sich, wie wenig unser Ich herrscht, wie oft wir der in uns aufsteigenden Flut teilweise mächtiger Impulse wenig entgegenzusetzen haben.

In solchen Fällen geschieht häufig etwas Merkwürdiges: Inhalte unserer inneren unbewussten Welt tauchen außen auf, in Ereignissen des täglichen Lebens oder im Verhalten anderer Menschen. Wir sehen dies im Regelfall jedoch nicht und bemerken nicht, dass wir eigentlich nur eigene seelische Tatbestände nach außen, in unsere Umwelt, verlagert haben. Jedes Vorurteil, jeder Streit, jede gehässige Polemik, aber auch jede Bewunderung enthält daher dieses Element der Projektion.[14] Anders ausgedrückt: „What is not yet conscious is normally experienced ‚out there', in projection on the outer world. We find ourselves in other people, things and places, in experiences felt to come from the outside. Only secondarily, if at all, do we recognize our own participation in our experience. When we do, we have a chance to reclaim the projection, ponder it, own it, and add it to our awarenesss of ourselves. It is in this way that personality grows – by a continuous cycle of projecting and reclaiming psychic contents."[15]

Bewusstsein und Unbewusstes Sigmund Freud verstand unter dem Begriff „Unterbewusstsein“ die Gesamtheit persönlicher und früher bewusster, aber dann verdrängter psychischer Inhalte, wie Erinnerungen, Gefühle, Erwartungen, Erfahrungen, Glaubenssätze und Handlungsmuster (in der heutigen Terminologie auch „Codes“ beziehungsweise „Brain Scripts“).

Carl Gustav Jung benutzte den Begriff das *Unbewusste,* ein ursprünglich philosophischer Terminus, den der französische Psychiater Pierre Janet (1859–1947) in die Psychologie übernommen hatte. Durch diesen Begriff sollte der falsche, bisweilen auch wertende Eindruck vermieden werden, mit „oben“ und „unten“ sei eine räumlich übereinander liegende oder qualitativ unterschiedliche Anordnung der psychischen Inhalte gemeint.

Der Schweizer Tiefenpsychologe Carl Gustav Jung.

Anders als Freud verstand Jung das Unbewusste aber nicht lediglich als Abstellraum für verdrängte Erfahrungen. Jung unterschied zwischen dem *persönlichen Unbewussten* und dem *kollektiven Unbewussten.* Im persönlichen Unbewussten sind – entsprechend der Freudschen Auffassung – alle während des bisherigen Lebens individuell gewonnenen, oftmals vergessenen oder verdrängten Inhalte gespeichert. Das kollektive Unbewusste bewahrt hingegen die Inhalte der menschentypischen Erfahrungen aus unserer gesamten Entwicklungsgeschichte.

Jung beschrieb persönliches und kollektives Unbewusstes folgendermassen: „[...] alles, was ich weiß, an das ich aber momentan nicht denke; alles, was mir einmal bewusst war, jetzt aber vergessen ist; alles, was von meinen Sinnen wahrgenommen, aber von meinem Bewusstsein nicht beachtet wird; alles, was ich absichts- und aufmerksamkeitslos, das heißt unbewusst fühle, denke, erinnere, will und tue; alles Zukünftige, das sich in mir vorbereitet und später erst zum Bewusstsein kommen wird; all das ist Inhalt des Unbewussten.“[16]

Dem Unbewussten stellte Jung unser Bewusstsein gegenüber. Dieses enthält alle psychischen Inhalte (Gedanken, Gefühle, Wünsche, Vorhaben, Hoffnungen und Erinnerungen), die wir in einem gegebenen Moment wahrnehmen und uns bewusst machen, das heißt auf unser Ich beziehen. Wesentlich ist Folgendes: Unser Verhalten und unser Gemütszustand werden sowohl vom Bewusstsein beeinflusst als auch vom Unbewussten. Das Ausmaß dieser Beeinflussung ist bei den beiden Teilen der Psyche jedoch

Grafik 11: **Eisberg-Modell**

Bewusster Bereich der Psyche

- **Ich** – Zentrum des Bewusstseins
- **Bewusstsein** – bewusstes Denken, Wollen, Fühlen

Unbewusster Bereich der Psyche

- **Persönliches Unbewusstes –** verdrängte oder vergessene Erlebnisse, Erfahrungen, individuelle Komplexe
- **Kollektives Unbewusstes –** Menschheitserfahrungen, Archetypen, Instinkte, kollektive Komplexe

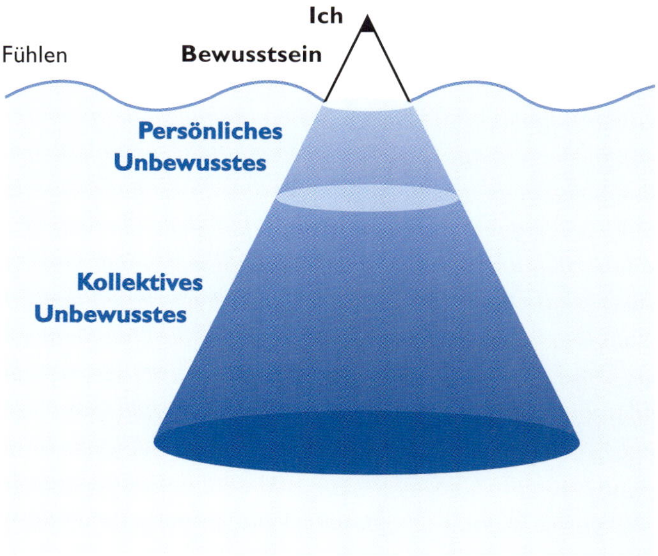

völlig unterschiedlich. Einen Eindruck dieses Verhältnisses von Bewusstsein und Unbewusstem vermittelt das aus der Tiefenpsychologie stammende „Eisbergmodell".

Der weitaus größte Teil der Masse eines Eisbergs – etwa sechs Siebtel – befindet sich unter der Wasseroberfläche. Entsprechend verhält es sich wohl mit dem bewussten und dem unbewussten Anteil der menschlichen Psyche. Nur etwa ein Siebtel der Psyche entfällt auf die Spitze des Eisbergs, also das Bewusstsein – und nur hier können wir uns ruhig als „Herr im eigenen Haus" betrachten.

In viel stärkerem Maße unterliegen wir den Einflüssen unseres Unbewussten – und merken dies doch nicht, weil es genau das ist: uns nicht bewusst. Wir betrachten es also zum Beispiel als selbstverständlich, dass unser Verhalten am Arbeitsplatz von unseren Vorhaben und Wünschen gestaltet wird. Aber oft ist das Gegenteil der Fall. Um deutlich zu machen, wie die Einflussnahme des Unbewussten auf unser Verhalten verlaufen kann, werden wir im Folgenden unter anderem auf wichtige psychische Inhalte des Unbewussten eingehen wie *Archetypen, Komplexe, Bedürfnisse* und *Ängste.*

Archetypen

Archetypen sind nach Jung Strukturelemente des Unbewussten, dem Menschen inhärente seelische Konstanten.[17] Sie bilden sozusagen das organisierende Klettergerüst, an das sich alle Elemente und Inhalte der Psyche anklammern. Gleichzeitig gelten sie als Träger psychischer Energie.

Pallas Athene (460 v. Chr., Akropolis Museum, Athen) – Scharfsinn und strategische Denkfähigkeit. Ist dieser Archetyp wirksam, dann kann sich der Mensch (und insbesondere eine Frau) im Wirtschaftsleben effizient und erfolgreich durchsetzen.

Archetypen entstehen durch typische Erfahrungen und Grunderlebnisse, mit denen der Mensch im Laufe der gesamten Menschheitsentwicklung immer wieder konfrontiert wurde. Zu diesen Urmustern des menschlichen Lebens zählen beispielsweise das Weibliche, das Männliche, Geburt, Pubertät, Elternschaft, Tod, Liebe, Freundschaft, Verrat, Wandel usw. Die Anzahl möglicher Archetypen ist relativ begrenzt. Doch über jedem Archetyp können sich entsprechend den individuellen persönlichen Erfahrungen der Menschen zahllose unterschiedliche so genannte *archetypische Bilder* formen, also inhaltliche Ausprägungen des Grunderlebnisses.

Archetypen faszinieren und sind von intensiver Emotionalität geprägt. Die Menschen machten immer wieder die Erfahrung, wie viel Energie sich im Auftreten eines Archetyps manifestiert und wie machtlos sie dagegen waren. Daraufhin wurden Archetypen in allen Kulturen häufig als Götter dargestellt. Für die Griechen war beispielsweise Hera der archetypische Inbegriff der Ehefrau, Artemis die Verkörperung der jungfräulichen, unabhängigen Frau, Athene Inbegriff der strategisch denkenden Unterstützerin der Helden, Zeus das Urbild des Patriarchen, Apollo der Prototyp des logisch denkenden, intellektuellen Mannes.

Diese Ausprägungen sind heute nach wie vor aktuell. Sie erklären, warum Krieg, Frieden und alle dazwischen liegenden Verwicklungen der antiken griechischen Götterwelt auch in der heutigen Büroumgebung immer wieder auftauchen. Entsprechend unserer dualistischen Welt stehen sich außerdem in jedem Archetyp zwei polare Seiten gegenüber: eine nützliche, befruchtende und inspirierende sowie eine zerstörende und bösartige Seite. So kann zum Beispiel eine attraktive Mitarbeiterin bei der Ehefrau ihres Chefs den Archetypus der „Hera" in seinem negativen Aspekt auslösen. Die Ehefrau wird daraufhin auch ohne entsprechenden Anlass die vermeintliche „Gespielin" ihres „Zeus" mit rachsüchtiger Verfolgung überziehen. In aller Regel kann sie sich gegen die aufwallende Zornesemotion nicht wehren. Vielleicht ist sie sich gar nicht bewusst, was eigentlich mit ihr geschieht.

In den klassischen Bürointrigen finden wir ebenfalls archetypische Urmuster wie zum Beispiel den Verrat. Die Mythen und Religionen der Völker erzählen immer wieder davon. Denken Sie nur an Seth und Osiris (Ägypten), Hagen und Siegfried (germanische Sage), Jesus und Judas

Zeus symbolisiert den Archetyp des Herrschers und Patriarchen. Die Fähigkeit, Bündnisse zu schmieden, die seine politische oder ökonomische Macht vergrößern, zählt ebenso zu ihm wie die Adlernatur, der Hang zur Clanbildung und die leichte Verführbarkeit durch die Gier nach Statussymbolen.
(*Zeus and One of His Loves,* 1769, Anton Pavlovic, St. Petersburg.)

(Christentum). Oder eine archetypische Vater-Sohn-Rivalität beziehungsweise ein Generationskonflikt entzündet sich an einer Lappalie während der Teamsitzung. Hier spielt sich im übertragenen Sinne der Konflikt zwischen Kronos und Zeus, Laios und Ödipus, Caesar und Brutus, Darth Vader und Luke Skywalker ab. Hinterher wird der Zwischenfall bedauert, und keiner kann sich erklären, was eigentlich wirklich vorgefallen ist.

Wie groß Energie und Macht von Archetypen sind, zeigt sich auch in der Sogwirkung von Modeerscheinungen und im Phänomen der Massenwirkung. So haben erfolgreiche Trends, Slogans oder Filme immer einen archetypischen Kern (zum Beispiel David gegen Goliath), der die Wirkung geradezu garantiert. Wer sich andererseits unbewusst oder unkritisch von einem Archetyp faszinieren und in den Bann ziehen lässt, gerät in Gefahr, verführt und manipuliert zu werden. Sobald ein Archetyp angerührt und herausgefordert wird, wird Energie frei. Dies führt meist zum Auftreten starker, möglicherweise unkontrollierbarer Emotionen, die dementsprechende Gemütszustände und Handlungen auslösen. Typisch ist, dass Vernunft und rationelle Überlegungen in diesem Moment wie ausgeschaltet erscheinen.

Diese Auswirkungen können nach außen positiv oder negativ erscheinen. Im günstigen Fall wachsen wir beispielsweise über uns hinaus, weil sich der Archetyp des Helden oder der Heldin konstelliert hat. Oder der Archetyp des Künstlers verhilft zu genialen Einfällen, oder derjenige des Siegers führt zu einem Rekord nach dem anderen. Im ungünstigen Fall handeln wir destruktiv oder flüchten und verkriechen uns. Es kann sogar eine regelrechte Infektion der Gefühle auftreten, die sich innerhalb eines Kollektivs ebenso verbreiten kann wie eine Grippeepidemie. Denken Sie nur an das Phänomen des *Mobbing.* Später wird das Verhalten bedauert, oder wir ärgern uns zähneknirschend über uns selbst. Wie gesagt: der Mensch ist längst nicht immer Herr im eigenen Haus!

In Bezug auf die Büroeinrichtung lautet die Folgerung, dass jeder (und wenn auch nur subliminal, das heißt unterschwellig) wahrgenommene Gegenstand einen Impuls für die Evokation eines Archetyps bilden kann. Einzige Voraussetzung: der Impulsgeber muss durch seinen Symbolgehalt menschheitsgeschichtlich relevant sein.

Entsprechend sorgfältig sollte bei der Auswahl von Dekorationen und Bildern verfahren werden. Vermeiden Sie in Büros und Konferenzräumen beispielsweise Fotos und Bilder, die direkt oder im übertragenen Sinne einen kriegerischen oder aggressiven Eindruck machen, unnötigerweise Widerspruch herausfordern, starke negative Emotionen auslösen oder destruktiv wirkende Triebe ansprechen.

Vorsicht ist auch bezüglich der Standortwahl von Fotos oder Büsten stark patriarchalisch geprägter Unternehmensgründer geboten. Gut, wenn von ihnen Kraft und Inspiration ausgehen; folgenschwer, wenn dadurch bei der Generation der nachfolgenden Manager ein archetypischer Vater-Sohn-Konflikt ausgelöst wird, der zu unbewusster Revolte und pubertärem Aufbegehren führt! Manche auffallend irrationale Fehlentscheidung ist darauf zurückzuführen.

Komplexe

Jung prägte auch den Begriff der *Komplexe,* der allgemein eher abwertend benutzt wird und daher mit einem negativen Beigeschmack versehen ist. Denken Sie nur an die Ausdrücke Minderwertigkeitskomplex oder Mutterkomplex. Dabei sind die Komplexe an sich wertfrei. Und jeder Mensch hat Komplexe; wir könnten gar nicht ohne sie leben, da sie als Energiezentren zu den notwendigen Bestandteilen der Psyche gehören.

Jeder Komplex hat einen archetypischen Bedeutungskern, um den sich nach und nach diesbezügliche persönliche Erfahrungen, Bilder und Assoziationen sammeln. Komplexe wirken dadurch als vermittelndes Bindeglied zwischen den eigenen persönlichen Erfahrungen und den kollektiven archetypischen Inhalten des Unbewussten. Man könnte auch sagen, dass Komplexe ein „Tagebuch der Psyche“ beinhalten, weil sie die im Laufe des Lebens aufgetretenen emotional eindrücklichen Geschehnisse festhalten und gegebenenfalls nutzbar machen. *Negative Komplexe* beruhen meistens auf typischen problematischen Konflikten (wie Versagen, Zurückweisungen, Liebesentzug, Missachtung). *Positive Komplexe* können aufgrund von Erfolg, Anerkennung, Bedürfnisbefriedigung, Liebeserfahrungen oder anderen eindrucksvollen positiven Erlebnissen entstehen.

Unsere Komplexe wirken ständig auf unsere Handlungen ein. In jede von ihnen kann sich ein Komplex störend und unvorteilhaft, aber auch nützlich und Gewinn bringend einmischen. Genau wie bei den Archetypen muss dazu lediglich ein auslösender Impuls in der Umgebung oder in einem selbst auftauchen. Derartige Auslöser können beispielsweise Tagesereignisse, Bemerkungen, ein Gesichtsausdruck, ein Geruch, Bilder oder Skulpturen, Erinnerungen, Assoziationen und Bildfantasien sein. In den meisten Fällen merken wir gar nicht, was gerade als auslösender Impuls gewirkt hat. Hinzu kommt, dass Komplexe – anders als Archetypen – immer durch individuelle Impulse angerührt werden, die oft schwerer zu erkennen sind als kollektive Auslöser.

Grafik 12: **Komplexe**

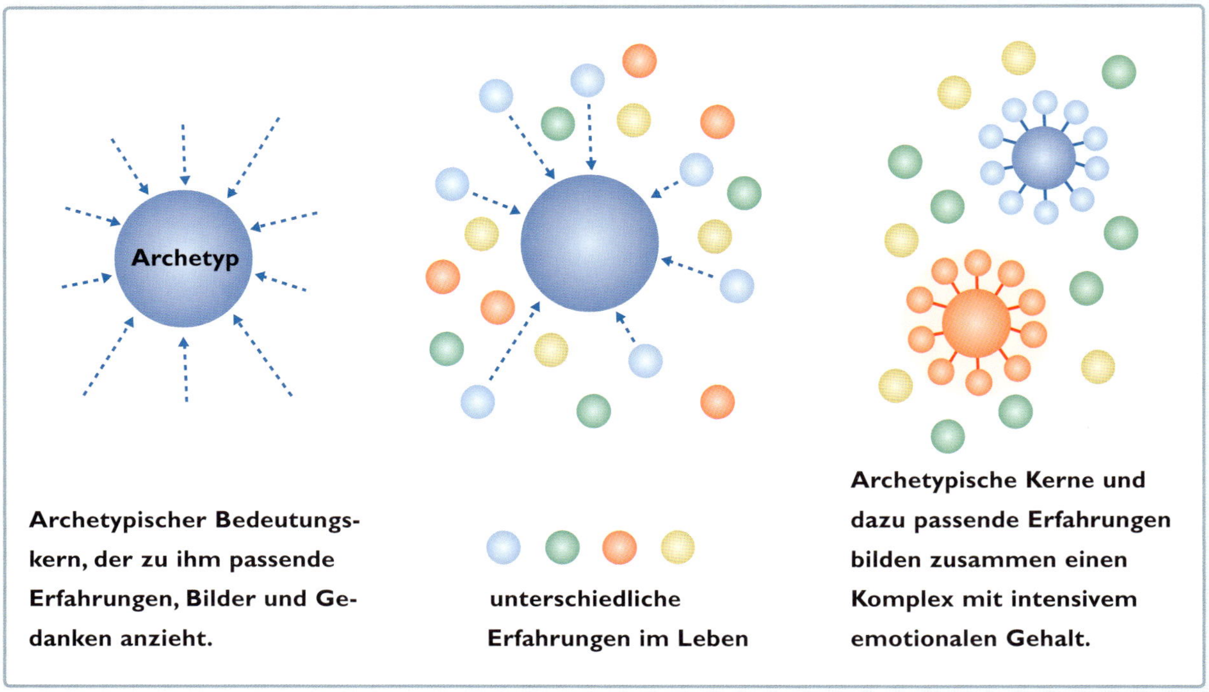

Wird ein Komplex angerührt, so verschafft ihm seine Energie Einfluss und bisweilen Kontrolle über unser Verhalten und unsere Gemütsverfassung. Der Komplex „bricht sozusagen in das Bewusstsein ein“. Das kann beispielsweise dazu führen, dass wir uns versprechen oder verschreiben, dass wir uns nicht mehr an einen Namen erinnern, dass wir plötzlich ein körperliches Symptom verspüren, auf dem Weg in einen anderen Raum mit einem Mal nicht mehr wissen, was wir eigentlich dort wollten, oder dass uns unvermittelt irgendetwas völlig Unwichtiges ärgert und unsere Laune verdirbt. Wird ein negativer Komplex angerührt, dann verringern sich meist auch schlagartig Konzentration und Kreativität. Auch abrupter Energieabfall, ein Leistungstief, jäh über uns hereinbrechende schlechte Laune, Unmut, ein Blackout sind in der Regel Anzeichen dafür, dass ein Komplex aktiviert wurde, ohne dass wir dies zunächst bemerkt haben.

Ein Beispiel: Als kleines Kind sind Sie beim Baden von der Luftmatratze gefallen, haben viel Wasser geschluckt und schreckliche Angst gehabt zu ertrinken. Der Vorfall wurde von Ihren Eltern hinterher als nebensächlich dargestellt und sogar abqualifiziert. Dieses gefühllose Verhalten verstärkte noch den traumatischen Eindruck. Inzwischen haben Sie

Wassersport – für manche Menschen packende Begegnung mit den Elementen, für andere dagegen Auslöser traumatischer Erinnerungen.

diese Erfahrung längst vergessen, verbringen Ihre Ferien jetzt aber am liebsten im Gebirge.

Nun kommen Sie zu einem Geschäftstermin in ein Büro, in dem das große Foto einer Segelregatta hängt. Durch den Anblick des stürmisch bewegten Meeres wird Ihr entsprechender Komplex berührt und aktiviert. Sie achten gar nicht auf das Foto. Dennoch wird Ihre vorher ausgeglichene Gemütsverfassung unvermittelt gestört und aus dem Gleichgewicht gebracht. Je nachdem wie stark der Komplex ist – das heißt, wie häufig und wie emotional er immer wieder berührt wurde –, kann die Auswirkung beispielsweise darin bestehen, dass Sie unmerklich irritiert sind, sich unruhig und nervös fühlen, dass Ihr gewohnter Einfallsreichtum plötzlich fehlt, dass Sie Selbstzweifel und Unsicherheit empfinden, und dass Ihre Verhandlungsfähigkeit nachlässt. Generell wird Ihre geistige Leistungsfähigkeit geringer, Konzentration und Kreativität lassen nach, vielleicht spüren Sie auch körperliche Müdigkeit. Treffend spricht der Volksmund davon, „abgespannt zu sein“: die psychische Stromspannung hat nachgelassen.

Ein derartiges Szenario passiert täglich viele Male. Natürlich gibt es auch positiv wirkende Komplexe: Vielleicht erhalten Sie ein Kompliment oder werden durch irgendeinen anderen Auslöser an ein Erfolgserlebnis erinnert. Schon steigen Stimmung und Leistungsfähigkeit!

In der geschäftlichen Umgebung lässt es sich kaum vermeiden, mit unerwünschten Folgen negativer Komplexe konfrontiert zu werden. Umso wichtiger ist es, am eigenen Arbeitsplatz so viele stärkende und aufbauende Faktoren und Botschaften wie möglich um sich zu haben. Unterziehen Sie die Gegenstände, mit denen Sie sich in Ihrem Büro umgeben, einer entsprechenden genauen Prüfung!

Sicherheit

Nicht nur Archetypen und Komplexe beeinflussen unser Verhalten und unsere Leistungsfähigkeit. Hinzu kommt auch das in jedem Menschen tief verwurzelte Bedürfnis nach Sicherheit, dessen Intensität wiederum in engem Zusammenhang mit dem Raum steht.

Das Sicherheitsbedürfnis verbirgt sich immer hinter persönlichen Gewohnheiten und ist daher auf den ersten Blick nicht leicht zu erkennen. Außerdem ist es erheblich von der *Ich-Stärke* des Betreffenden abhängig, die ihrerseits eng mit dem Selbstwertgefühl zusammenhängt und von Tag zu Tag sehr unterschiedlich sein kann. Einfluss darauf haben die psychische und physische Verfassung, aber auch die Zeitqualität des Tages.

In kreativem Chaos kann zugleich ein unbewusster Mechanismus zur Deckung des eigenen Sicherheitsbedürfnisses liegen. Jeder Mensch verfügt über eine ganze Anzahl derartiger Mechanismen.

Wenn im modernen Büro vom Umzug aus Zellen- in Kombi-Büros, von Desk Sharing, Teamarbeit, Office Hotelling und so weiter die Rede ist, werden Gewohnheiten im Zusammenhang mit dem Sicherheitsbedürfnis durchweg ignoriert. Dabei ist dieses potenziell von entscheidender Bedeutung für die persönliche Arbeitsqualität, das Arbeitsergebnis und letztlich den Geschäftserfolg.

Nehmen wir beispielsweise die Gewohnheit mancher Menschen, am Arbeitsplatz völliges Chaos zu verbreiten. In bestimmten Fällen befriedigt diese Gewohnheit letztlich ein individuelles Sicherheitsbedürfnis: Wer als einziger weiß, wo etwas liegt und selbst in der größten Unordnung zielstrebig ein gewünschtes Schriftstück aus einem der zahlreichen Papierstapel herausziehen kann, übt Macht auf die Umgebung aus und wird gleichzeitig unentbehrlich. Dadurch verstärkt sich seine eigene Sicherheit.

Über das gleiche (meist unbewusste) Motiv, aber einen genau entgegengesetzten Verhaltensmechanismus verfügt der penible Ordnungsfanatiker. Ein einziger Vorgang auf dem Schreibtisch, genau rechtwinklig angeordnetes Schreibgerät und entsprechende Anweisungen an alle Mitarbeiter – auch dies ist ein Sicherheitsmechanismus. Da hiermit alles durchsichtig zu sein scheint, lässt sich die Außenwelt leichter kontrollieren: Sicherheit durch Transparenz der persönlichen Umgebung.

Wie vertragen sich nun Chaot und Fanatiker, wenn es um Desk Sharing geht? Natürlich überhaupt nicht. Die jeweiligen Mechanismen zur Versorgung mit dem so notwendigen Gut Sicherheit gehören aber zur psychischen Überlebensausrüstung des Betreffenden. Werden diese Mechanismen sozusagen zwangsweise eingeschränkt, dann muss zusätzliche psychische Energie für die Aufrechterhaltung des Sicherheitsempfindens aufgebracht werden. Es ist sehr wahrscheinlich, dass diese Energie der geistigen Leistungsfähigkeit abgezogen wird. Daraufhin kommt es zu einer Beeinträchtigung von Konzentration, Kreativität, Intuition und zum vermehrten Auftreten der bereits beschriebenen Stimmungsschwankungen.

Abgesehen davon werden in vielen Fällen Reservemechanismen in Gestalt neuer Gewohnheiten aufgebaut, die den Umgang mit dem Betreffenden nicht notwendigerweise erleichtern. Die Anzahl möglicher derartiger Mechanismen ist endlos, und jeder von uns besitzt mehrere davon. Natürlich gibt es auch viele Sicherheitsmechanismen, die Arbeitsqualität und Teamfähigkeit überhaupt nicht beeinträchtigen.

Kurz gesagt: Je sicherer sich ein Mensch fühlt, desto leichter wird er zu Bestleistungen angespornt, weil mehr psychische Energie für die Nutzung des geistigen Potenzials zur Verfügung steht. Eine wichtige Rolle spielen dabei der Raum und die Arbeitsumgebung. Vermögen diese nicht genügend Sicherheit und Unterstützung zu vermitteln, so entsteht ein zusätzliches Bedürfnis danach. Wird das „Sicherheits-Budget" nicht gedeckt, dann sinken Arbeitsfreude und Stresstoleranz, während Frustration und Unzufriedenheit zunehmen.

Der berufliche Alltag mit seinen vielfältigen Interaktionen ist eine Spielwiese für Projektionen eigener psychischer Inhalte auf andere Menschen.

Hieraus ergibt sich ein zusätzliches planerisches Argument für größte Flexibilität der Bürogestaltung und Büroeinrichtung. Planer und Architekten sollten von vornherein so weit wie möglich Individualität zulassen und sich außerdem kritisch fragen, inwieweit sie vielleicht ihre eigenen Sicherheitsmechanismen berücksichtigen und dem Klienten eine entsprechende Gestaltung aufzwingen. Die vorherige Einbeziehung der Beschäftigten, für die ein Büro gestaltet werden soll, kann ebenso hilfreich sein wie ein späterer regelmäßiger Check, welche Strukturen und Formen im Widerspruch zum individuellen Sicherheitsbedürfnis stehen und daher verändert werden sollten. Wird von vornherein auf mehr Flexibilität geachtet, dann können spätere Änderungswünsche der Mitarbeiter weit besser erfüllt werden: ein wichtiges Plus für die Arbeitsqualität.

Ängste Angst gehört, als Schattenseite der Sicherheit, zum Menschsein. Ebenso wie sich das Sicherheitsbedürfnis in vielerlei Beschaffungsmechanismen äußert, so kann auch die unbewusste Angst vor Sicherheitsverlust ganz unterschiedliche Formen annehmen. Auch dieser Gesichtspunkt sollte in der Bürogestaltung Berücksichtigung finden.

Einige Ängste gehören zur psychischen Grundausstattung des Menschen. Dazu zählen vier Angstformen, von denen sich jeweils zwei gegenpolig gegenüberstehen: die Angst vor dem Verlust der eigenen Identität und die Angst vor der eigenen Isolation; sowie die Angst vor zu großer Veränderung und die Angst vor Unbeweglichkeit und Starre.[18]

Jeder von uns besitzt alle vier Ängste. Meistens ist aber eine davon stärker ausgeprägt als die anderen und wird dadurch Auslöser für bestimmte Verhaltensmechanismen, Gewohnheiten, Vorlieben und Glaubenssätze. Das hat Folgen für das Befinden am Arbeitsplatz und für die Reaktion auf neue Bürokonzepte und Einrichtungselemente.

Tendieren Sie beispielsweise zur Angst vor Identitätsverlust, so können Sie mit einem Einzelbüro mehr anfangen als mit einem Großraumbüro (in dem Sie in die Masse integriert werden). Tendieren Sie dagegen zur Angst vor Isolation, so werden Sie unbewusst in einem Kombi-Büro von vornherein mehr Sicherheit empfinden als in einem Einzelbüro. Ist Ihre Angst vor Starre größer als diejenige vor Veränderung, so sind Sie wahrscheinlich offener für neuartige, unkonventionelle Bürostrukturen. Haben Sie dagegen mehr Angst vor Veränderung, so werden Sie das Beibehalten einer gewohnten Umgebung allen Modifikationen und Neuerungen vorziehen.

Diese Ängste stehen in engem Zusammenhang mit der Arbeitsqualität. Im Einrichtungskonzept eines Büros sollte folglich möglichst darauf geachtet werden, sie nicht beispielsweise durch Einseitigkeit einzelner Strukturen oder durch betont futuristische Gestaltung unnötig zu aktivieren oder gar zu verstärken.

Territorium Ebenfalls mit dem Sicherheitsbedürfnis verknüpft ist das unbewusste Bestreben jedes Menschen, sich ein eigenes Territorium zu schaffen. Dieses Bestreben entspricht unserem genetischen Erbe und ist im kollektiven Unbewussten verankert. In Bezug auf die Büroumgebung bedeutet dies: Grundsätzlich muss es auch bei allen modernen Arbeitsplatzformen Territorien geben, damit sich die Beschäftigten langfristig wohlfühlen. Erst in diesem persönlichen morphisch-energetischen Feld kann

Die Verletzung des Territoriums kann defensive Schutzmechanismen oder offensive Aggressivität auslösen, mit denen unbewusst der Angriff auf die eigene Ich-Stärke und Sicherheit abgewehrt wird.

sich die eigene Aura manifestieren und entfalten. Hier lassen sich persönliche Erkennungsmerkmale anbringen und später identifizieren, die mit Eigentum und Schutz assoziiert werden und Garanten für einen persönlichen kreativen Handlungsspielraum sind.

Der Hang zum Territorium kann zwar für gewisse Zeit ausgesetzt werden. Entsteht aber für das Unbewusste eines Menschen irgendwann der Eindruck, dass sein Territorium dauerhaft bedroht oder gar verloren ist, wird es automatisch – und dem Betreffenden völlig unbewusst – Verhaltensmuster in Gang setzen, die dem entgegenwirken.

In der Praxis treten dann leicht Grenzstreitigkeiten auf. Die Reaktionen des oder der Betroffenen können ganz unterschiedlich ausfallen: Misstrauen und eine ständige „atmosphärische Störung", das heißt ein Klima der Missgestimmtheit und des Argwohns; Verweigerung konstruktiver Mitarbeit im Team oder subversives Unterlaufen der Zusammenarbeit; das herausfordernde symbolische Anbringen von Markierungszeichen (Hunde würden entsprechende „Duftmarken" setzen); schließlich bewusster, offener Machtkampf mit zunehmend destruktiver und aggressiver Absicht.

Das Bedürfnis nach einem eigenen Territorium besteht im Übrigen nicht nur individuell und personenbezogen, sondern auch gruppenbezogen. Sobald sich aufgrund einer gemeinsamen Aufgabe oder anderen Bezugsgröße ein Team bildet, entsteht ein Bedürfnis nach einem Gruppenterritorium. Ebenso wie es unser individuelles Schutzempfinden stärkt, wenn wir uns in unserem Territorium wissen, so nützt es dem Teamgeist, wenn wiederkehrende Zusammenkünfte an einem Ort stattfinden, der durch irgendeinen in allgemeiner Übereinkunft gewählten Gegenstand als Gruppenterritorium gekennzeichnet wird (denken Sie an den Stammtisch, die Fahne oder das Logo).

Symbolische Darstellungen in Mosaiken oder Kunstobjekten sind ständige Botschaften an das Unbewusste. Es sollte sorgfältig geprüft werden, ob ihr Inhalt und ihre Aussage aufbauende, positive Assoziationen hervorrufen. (Römisches Fußbodenmosaik)

Symbole

In den bereits geschilderten Zusammenhängen und Beispielen kommt den Symbolen besondere Bedeutung zu. Symbole müssen immer von Zeichen unterschieden werden. Zeichen sind Bilder mit einer bestimmten, genau definierten, durch allgemeine Übereinkunft vereinbarten Bedeutung, wie zum Beispiel Verkehrszeichen oder Piktogramme (etwa Wegweiser in Bahnhöfen oder Flughäfen). Symbole sind Sinnbilder und immer zwei Ebenen zugehörig: einerseits durch ihren Sinn dem bewussten Bereich, andererseits durch ihr Bild dem unbewussten Bereich. Symbole verfügen über einen Bedeutungsüberschuss, das heißt, sie haben immer noch etwas durch die Sprache nicht Ausdrückbares, sie lassen sich rational niemals restlos deuten.[19]

Eine Rose zum Beispiel kann eine unendliche Zahl unterschiedlicher Bedeutungen haben und von einzelnen Menschen völlig verschieden verstanden werden. Für den einen bedeutet sie Liebe, für den anderen eine Gartenblume, die Arbeit verursacht oder prämiert wird, für den Dritten eine geschichtliche Größe (Rosenkriege), für den Vierten Sinnbild schöner Wohnkultur, für den Fünften die Erinnerung an ein glanzvolles Konzert, bei dem die Ausführenden Blumen erhielten.

Manche Symbole werden vom kollektiven Unbewussten grundsätzlich zuerst mit einer negativen Bedeutung assoziiert. Dies gilt für archetypische Inhalte, die mit Qual, Schmerz, Leid, Aggression und Tod sowie immer wiederholten entsprechenden Erfahrungen zu tun haben. Solche Symbole sind beispielsweise Pfeile, Blitze und Totenköpfe. Ihr Anblick führt – ohne dass es bewusst wird – aufgrund ihres negativen Sinninhaltes zu einer schnellen energetischen Schwächung. Diese Wirkung läßt sich mit dem kinesiologischen Muskeltest nachweisen.[20]

Derartig negativ wirkende Symbole müssen nicht einmal isoliert vorhanden sein. Ihre negative Wirkung tritt auch dann ein, wenn die Symbole beispielsweise in abgewandelter Form auf Fotos erscheinen oder wenn sie durch bizarre Entwürfe, durch moderne Kunstwerke oder durch Kultgegenstände wiedergegeben werden. Mehr noch, die energetisch und psychisch schwächende Wirkung ergibt sich sogar dann, wenn der Betrachter persönlich gar keine negativen Assoziationen empfindet. Dies gilt beispielsweise auch für die künstlerisch wertvolle Darstellung eines blutenden Märtyrers: Das Unbewusste – und insbesondere das kollektive Unbewusste – ist stärker als das Bewusstsein mit den darin gespeicherten persönlichen Erfahrungen.

Ein Beispiel: Sie hängen ein surrealistisches Bild gegenüber Ihrem Schreibtisch auf, das symbolisch an eine bluttriefende Schlachtenszene erinnert. Obwohl Sie persönlich das Bild aufregend und gelungen finden, reagiert Ihr Unbewusstes mit andauernder Ablehnung. Wahrscheinlich werden sich außerdem mit der Zeit aufgrund des morphischen Informationsfeldes um dieses Bild Themen wie Leid, Schmerzen und Kampf in irgendeiner Weise in Ihrem Büroalltag konstellieren.

Der visuelle Reiz entspricht einer Botschaft, die vom Unbewussten mit der Reaktion aufgenommen wird: „Schmerz und Qual! Lauert hier Gefahr? Bin ich auch bedroht?“ Obwohl das Bewusstsein „Entwarnung“ gibt mit der Botschaft „Keine Gefahr! Dies ist nur ein Bild!“, hat die Reaktion des Unbewussten längst eine ganze Kette physiologischer Prozesse ausgelöst, an deren Ende die psychische Energie nicht mehr zur Erhaltung eines ausgeglichenen Gemütszustandes ausreicht. Das Ganze passiert übrigens auch dann, wenn Sie das Kunstwerk täglich sehen. Und es passiert auch, wenn es nur in Ihrem Blickfeld liegt, lediglich einen subliminalen visuellen Reiz darstellt und gar nicht bewusst wahrgenommen wird.

Steine im Gleichgewicht – nur solange sie die Balance halten, bleibt das Kunstwerk bestehen. Ähnlich verhält es sich mit dem Tao, der Mitte, die immer von neuem gesucht werden muss.

Hinzu kommt, dass nach Auffassung des Feng Shui um einen Gegenstand, der im weitesten Sinn mit negativen Emotionen und Assoziationen besetzt ist, ein ungünstiges Energiefeld besteht. Dieses Feld verursacht eine Kontamination des Qi-Stromes im Raum und verringert dessen Intensität. Außerdem beeinträchtigt es das Qi im Körper.

Soweit die Raumpsychologie den symbolischen Gehalt von Bildern sowie deren Assoziationen betrachtet, ergeben sich natürlich Unterschiede zwischen den Kulturkreisen. Allerdings haben archetypische Symbole für Menschen aller Kulturkreise einen gleichen Inhalt.

Alle Kunstgegenstände entfalten bereits aufgrund ihrer Form, Farbe, Struktur und Aussage eine energetische Wirkung auf die Umgebung. Hinzu kommt ihr morphisches Informationsfeld, das im Zusammenhang mit der jeweiligen Lebensphase und den Lebensumständen des Künstlers steht. Wenn ein Kunstwerk in einer schwierigen Lebensphase des Künstlers entsteht, in einer Periode schwerer Krankheit oder Depression, oder unter dem Einfluss von Schmerz oder Angst, ruft es beim Betrachter in der Regel eine psychisch schwächende Wirkung hervor. Diese Wirkung ist bei einem Original am stärksten, besteht aber auch noch bei einem Foto, Poster oder Nachdruck.

Bürodekorationen sollten daher immer sorgfältig hinsichtlich ihrer Botschaften und entsprechenden Wirkung auf das Unbewusste geprüft und gewählt werden. Und auch Kultgegenstände sollten nur mit besonderer Vorsicht als Dekoration eingesetzt werden. Wenn sie bei rituellen Handlungen im Zusammenhang mit Kriegs- oder Grabzeremonien verwendet wurden, so sind sie stets Mittelpunkt eines entsprechenden morphischen Informationsfeldes und strahlen eine schwächende Wirkung aus. Es gilt also, ihren ursprünglichen Sinninhalt mitsamt allen Facetten und Assoziationen herauszufinden.

Von Büsten oder Fotos eines Unternehmensgründers war bereits die Rede. Ihre Wirkung geht aber nicht nur vom archetypischen und symbolischen Sinninhalt aus. Auch die Art der Darstellung setzt eine positive oder negative Wirkung in Gang.

Es spielt eine wesentliche Rolle, ob es sich um eine unverzerrte, realistische oder idealisierende Darstellung mit aufbauender Haltung handelt, oder ob die Darstellung entfremdet ist.

Viele moderne Kunstobjekte eignen sich zwar hervorragend zur bewussten Auseinandersetzung mit der Welt des Irrealen. Sie sind aber als Bürodekoration nicht geeignet.
Links: Salvador Dali, *Schlaf,* 1973;
rechts: Pablo Picasso, *Frauenporträt mit Hut,* ca. 1939.

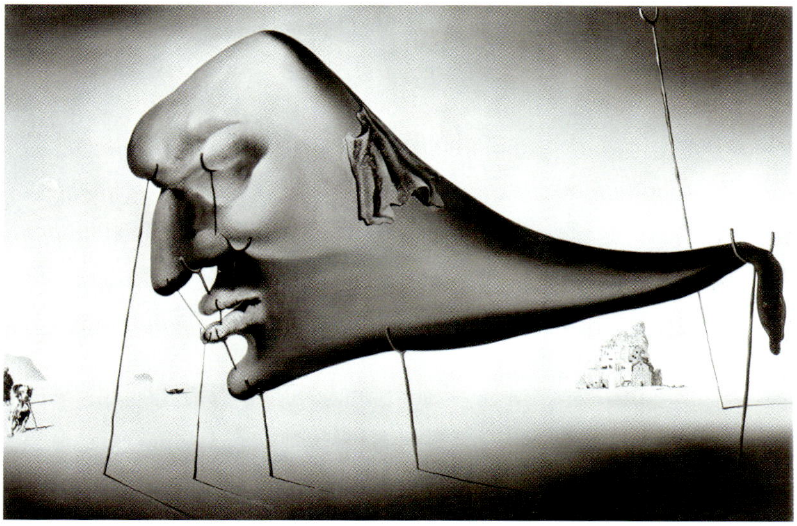

Die Wirkung moderner Kunstwerke liegt oft in der Konfrontation mit projizierten Inhalten des Unbewussten. Wir möchten aber bezweifeln, dass die Arbeitsumgebung dafür der geeignete Platz ist. Daher empfehlen wir mit Nachdruck, die Botschaft eines im Rahmen der Bürodekoration verwendeten Kunstgegenstandes auf die mit ihm verbundene Symbolik und Assoziationen genau zu untersuchen. Mag das Kunstwerk noch so teuer oder auch mit entsprechendem Prestige verknüpft sein – gehen Sie bewusst damit um! Berücksichtigen Sie – wie bei einem Medikament – seine Nebenwirkungen! Die Auseinandersetzung mit Schmerz und Leid, mit Aggression und Konflikten gehört zum Leben. Aber warum sollte diese Auseinandersetzung im Büro geführt werden? Schließlich kostet sie unbewusst Energie, die an anderer Stelle fehlt. Im Arbeitsbereich sollten daher ausschließlich aufbauende Szenarien oder Bildkompositionen mit einer klaren positiven Botschaft verwendet werden.

Zweckmäßig ist die Verwendung von Symbolen mit kollektiver aufbauender Wirkung. Dazu zählen vor allem Sinnbilder, die mit den Themen Wachstum, Vitalität, Kreativität, Ganzheit, Unversehrtheit, Gesundheit und Inspiration zu tun haben. Oder verwenden Sie Symbole, die Ihre Ziele abbilden. Geschäftserfolg, Innovation, Anerkennung, Zufriedenheit, Bekanntheit – was immer Ihnen vorschwebt, lässt sich in ein Symbol kleiden, das Sie in passender Weise in Ihre Arbeitsumgebung integrieren können (sehen Sie hierzu auch die Empfehlungen zur *Bagua-Aktivierung*, Kapitel 5, S. 134). Damit richten Sie im übertragenen Sinne Ihre inneren Räume aufbauend ein und gewinnen Ihr Unbewusstes als mächtigen Verbündeten.

Sprudelndes Wasser zieht Menschen an, weil es ein kraftvolles Symbol für das Leben ist. Jedes derartige Symbol wirkt anhaltend aufbauend auf die Psyche und stärkt damit gleichzeitig die Vitalität sowie die Leistungsfähigkeit.

Interaktion – äußere und innere Räume

Die vorangegangenen Ausführungen gaben einen Eindruck, wie komplex und vielgestaltig die Wechselbeziehung zwischen dem Raum, der Psyche eines Menschen, seiner täglichen Arbeit und dem Unternehmen als „Container“ für diese Arbeit ist. Bedenken Sie auch, dass das Beziehungsgeflecht zwischen diesen Kardinalpunkten einem laufenden Wandel unterliegt und in noch umfassendere Zusammenhänge eingebunden ist. Es zählt zu den viel versprechendsten Erfolgsansätzen der Zukunft, sich dieses Beziehungsgeflechtes bewusst zu werden und es mit Gewinn zu nutzen.

Die Analogie von Büro und Mensch

Häuser sind die „dritte Hülle“ des Menschen, nach der Haut und der Kleidung.[21] Zu dieser dritten Hülle gehört auch das Büro, da es in der Arbeitsphase des menschlichen Lebens eine dominante Bedeutung einnimmt.

„Zeige mir, wie du eingerichtet bist, und ich sage dir, wer du bist.“ Diese Worte deuten darauf hin, dass wir aus der Wohnungseinrichtung Rückschlüsse auf Eigenarten und Befinden des Bewohners ziehen können. Das Gleiche ist auch in Bezug auf die Büroeinrichtung und -gestaltung möglich. Die Aussage kann dann aber auch lauten: „Zeige mir deinen Arbeitsplatz, und ich sage dir, wie deine berufliche Zukunft aussieht.“ In der Tat lässt der Arbeitsplatz wesentliche Rückschlüsse darüber zu, in welchem Maße Leistungen und Potenzial unterstützt werden.

Doch die Verknüpfungen zwischen Haus und Mensch gehen noch weiter, sodass wir behaupten: Ihr Büro sind Sie! Alles, was Ihr Büro betrifft, betrifft auch Sie persönlich. Vielleicht denken Sie hierbei an das Unternehmen selbst, an Ihre Kollegen und Mitarbeiter und deren Einfluss auf Ihr Leben. Wir meinen aber eine andere Ebene des „Betroffenseins“: Ihre eigene Sitzposition im Büro, der Zustand des Büros und des Bürogebäudes sowie alle Veränderungen darin wirken auf Ihre Leistungsfähigkeit ein und beeinflussen außerdem auch Ihre anderen Lebensbereiche außerhalb des Arbeitsplatzes.

Worauf beruht diese erstaunliche funktionale Bindung? In uns allen besteht seit Urzeiten eine starke psychische Affinität zu dem Haus, in dem wir leben und arbeiten. Seit jeher hat der Mensch Schutz suchen müssen vor Naturgewalten, wilden Tieren und sogar vor seinesgleichen. Je besser eine Erdhöhle, ein Felsüberhang, eine primitive Behausung oder ein festes Ge-

Die Raumpsychologie öffnet die Tür zwischen Innen- und Außenräumen, Psyche und räumlicher Umgebung. Die Anforderungen aus beiden Bereichen können dadurch in Übereinstimmung gebracht werden. Diese Synthese zu nutzen verschafft zusätzliche Kraft für die Bewältigung der zunehmenden Herausforderungen unserer Zeit. (Palasttür, Jaipur, Indien)

bäude als Schutz geeignet war, desto mehr Sicherheit ergab sich dadurch. Durch dieses über die Jahrtausende immer wieder neu geprägte archetypische Bild wurde im kollektiven Unbewussten ein starkes, schwer trennbares Band zwischen Haus und Mensch geknüpft.

Dieses Band ist so mächtig und aussagekräftig, dass beispielsweise aus Träumen und Bildfantasien über Häuser Rückschlüsse auf die psychische Befindlichkeit des Träumers getroffen werden können. Die äußeren Räume lassen also im übertragenen Sinne Rückschlüsse auf seine inneren Räume zu. Vor allem aber führen alle Veränderungen in einem der beiden Bereiche auch zu Modifikationen des anderen.

Hinzu kommt ein weiterer Punkt: Büros – sowie die Gebäude, in denen sie sich befinden, und selbstverständlich auch alle anderen Häuser – leben. Dies ist nicht nur im übertragenen Sinne gemeint, das heißt im Hinblick auf ihren Alterungsprozess („Zahn der Zeit") oder im Hinblick auf strukturelle Veränderungen. Wenn Sie einen anderen Menschen treffen, betrachten Sie ihn wahrscheinlich auch nicht nur als Ansammlung von Knochen, Muskeln, Zellen und Organen, sondern Ihr Eindruck wird sich vorherrschend auf seine Ausstrahlung, auf verschiedene Facetten seiner Persönlichkeit beziehen. Ähnliches gilt für ein Büro: es ist nicht nur eine „Ansammlung" von Bauelementen, Steinen, Beton, tragenden Strukturen, Versorgungsleitungen, Einrichtungsgegenständen und elektronischen Geräten. Auch jedes Büro und jeder Raum hat eine Ausstrahlung, eine Persönlichkeit. Und mit dieser Persönlichkeit gehen Sie tagtäglich eine enge Verbindung ein! Der Raum kann sich dabei entweder als Ihr stärkender Freund oder aber als Energie raubender Zeitgenosse erweisen.

Dieser Einfluss beruht auf einer Vielzahl unterschiedlicher Fassetten, mit denen Ihr Büro Ihnen gegenübertritt: Es kann gesund sein (Qi-Fluss!) und diese Gesundheit auf Sie übertragen, oder es kann matt und ausgelaugt sein und sogar von Ihrer Energie zehren. Durch seine Farben und Einrichtungsformen kann es Kraft spendend auf Sie wirken oder Sie kalt, seelenlos und abweisend umhüllen.

Im übertragenen Sinne hat Ihr Büro eine freundliche Persönlichkeit, wenn Gebäude und Gebäudesektor nach dem *Fünf-Elemente-System* in Harmonie stehen. Es kann Sie jeden Tag freudig und zuvorkommend empfangen, wenn Ihr energetisches Profil ebenfalls dazu passt. Ist dies nicht der Fall, oder gibt es Elementenkonflikte beziehungsweise subliminal angreifende, herabziehende Motive in Einrichtung und Dekoration, so tritt laufende Unstimmigkeit auf. Mit anderen Worten: Ihr Büro kann Sie jeden Tag Willkommen heißen oder Ihnen abweisend und schwächend entgegentreten.

Die Einrichtung des Büros ist ein maßgeblicher Bestandteil seiner Persönlichkeit. Bei der Auswahl und Positionierung sollten zusätzlich zu den funktionellen und ästhetischen Gesichtspunkten auch raumpsychologische Erkenntnisse hinzugezogen werden.

Denken Sie einmal an Veränderungen, die in der Vergangenheit in Ihren Büroräumen vorgenommen wurden. Bereits kleine Neuerungen rufen spürbare Wandlungen in der Atmosphäre des Büros, in seiner Persönlichkeit hervor. Ein Farbwechsel der Außenfassade, die Veränderung des Eingangs (der „Pforte des Qi"), das Versetzen, Öffnen oder Schließen von Wänden bewirken sogar erhebliche Persönlichkeitsveränderungen.

Nicht immer gereichen diese Modifikationen der Persönlichkeit zum Vorteil. Manche Büros werden nach ihrer Umgestaltung als fremd und frostig empfunden. Schlimmer ist es, wenn nach der Umgestaltung der Geschäftsgang nachlässt. Liegt es am Produkt und den wirtschaftlichen Rahmenbedingungen? Oder finden sich Geschäftsleitung und Mitarbeiter hinterher unvermittelt mit einer ablehnenden Persönlichkeit ihres Büros konfrontiert?

Wurde vielleicht der Qi-Strom verändert, der Eingang blockiert? Erinnern Sie sich: Qi bedeutet stets auch Geld und Erfolg. War der Zeitpunkt falsch, die *Zeitqualität* für Umbauten ungünstig? Wurden wichtige Arbeitsplätze in ungünstig beeinflusste Sektoren verlegt? Wurden durch die Umstellung von Möbelstücken konflikthafte Einflüsse aktiviert?

Unbewusst fühlen wir darüber hinaus den Gesundheitszustand jedes Gebäudes, das wir betreten. Ist ein Gebäude „krank" oder erkennbar anfällig, so kann dies eine Warnung für unser Sicherheitsbedürfnis sein. Ist das Gebäude alt oder neu? Gepflegt oder verwahrlost, sauber oder schmutzig? Wird es von übermächtigen Nachbargebäuden bedroht, sodass es ein Schattendasein führen muss (und damit auch den Geschäftsbetrieb entsprechend beeinflusst)? Tritt uns das Gebäude mit unverstelltem, deutlich erkennbarem, freiem Eingang gegenüber wie ein Gesprächspartner, der sich uns heiter mit geöffneten Armen präsentiert?

Wenn eine neue Farbgebung in besonders wichtigen Bereichen wie dem Eingang, dem Chefbüro, den Konferenzräumen großflächige Konflikte der Fünf Elemente erzeugt, wird die Persönlichkeit des Büros mit Auseinandersetzungen und Spannungen „vorprogrammiert". Verändern sich durch Eingangsverlegung oder Umbauten Richtungs- oder Zeitqualitäten in unerwünschter Weise, so können in Bereichen, in denen es vorher nie Schwierigkeiten gab, plötzlich unerwartet Probleme auftauchen.

Folglich sollten sich Bauherr und Architekt bei Neubau oder Umgestaltung neben der Abstimmung über alle anderen Faktoren auch Gedanken über die neue Persönlichkeit des Gebäudes und ihre Wechselwirkung auf die unterschiedlichen Sektoren machen. Eine diesbezügliche Beratung sollte künftig so selbstverständlich werden wie die Hinzuziehung eines Statikers oder anderer notwendiger Projektanten. Auf diese Weise wird vermieden, sich hinterher mit einer unsympathischen, deplatzierten oder verunstalteten Persönlichkeit des Büros konfrontiert zu sehen.

Das Gesetz der Resonanz Die Analogie zwischen Gebäude und Mensch kann noch von einem weiteren Standpunkt aus betrachtet werden: der Sinnentsprechung oder *Resonanz.* Nehmen wir ein Gebäude, das mit seinen Strukturen nicht auf der Erde ruht, sondern auf „Stelzen" steht. Genau wie ein Mensch auf Stelzen werden dort arbeitende Personen eine geringere Erdung haben. Sowohl ein dort untergebrachtes Unternehmen als auch seine Beschäftigten werden deshalb eine etwas ausgeprägtere Neigung dazu haben, den „Kopf in den Wolken" zu tragen. Ihr Bezug zur Realität ist geringer als wenn sie in einem fest auf der Erde ruhenden Gebäude tätig wären.

Auffällig ist auch Folgendes: Überdurchschnittlich viele Menschen, die in einem minimalistisch-leblos eingerichteten und arrogant erscheinenden Gebäude arbeiten, neigen zu einer ebenso anmaßenden Art.

Es gibt viele ähnliche mögliche Tendenzen. Bizarre und aggressive Einrichtungen und Dekorationen vermehren das Auftreten „hitziger" Sitzungen. Umgekehrt erschweren Farb- und Konturenlosigkeit in der Arbeitsumgebung entscheidungsfreudiges und zielgerichtetes Handeln. Die Verwendung von Arbeits- und Konferenztischen mit dünnen, spinnenartigen Beinen spiegelt sich manchmal in wenig tragfähigen geschäftlichen Entscheidungen. Der Anblick sichtbarer Versorgungsleitungen in modernen Gebäuden mit offenen Deckenstrukturen kann zu vermehrten Streitereien führen. Das Gleiche gilt für sichtbares Kabelgewirr – denken Sie hierbei im übertragenen Sinne an „bloß liegende Nerven". Unternehmen in Gebäuden, die im Schatten weit höherer Nachbarhäuser liegen, führen oft ein „Schattendasein". Fotos mit Börsenszenen, die während einer Baisse aufgenommen wurden, verbreiten ein Feld der Hektik und Frustration um sich.

Die Ursache aller dieser Erscheinungen besteht darin, dass unterschiedliche energetische Felder (darunter auch morphische Informationsfelder) miteinander in Resonanz treten, das heißt einander Impulse und Informationen vermitteln können *(Gesetz der Resonanz). Resonare* (lat.) heißt zurückklingen; Resonanz bezeichnet also das Phänomen des *Im-Einklang-Schwingens.* Resonanzen werden in so unterschiedlichen Bereichen

Außen- und Innenräume: Wenn ein Gebäude einen „schwebenden Eindruck" macht und nicht fest genug geerdet ist, müssen seine Nutzer oft vermehrt auf Realitätsbezogenheit und Vermeidung „luftiger" Ideen achten.
(*The Farm,* Bang & Olufsen New Headquarters, Virum, Dänemark, KHRAS Arkitekter.)

wie Medizin, Physik und Soziologie untersucht. Raumpsychologisch gilt, dass intensiv aufbauende oder schwächende Merkmale einer Raumgestaltung immer eine entsprechende Resonanz bei der Qualität des Arbeitsergebnisses hervorrufen.

Spitzenleistungen sind daher grundsätzlich nicht in jedem beliebigen Raum möglich. Sie können zwar für eine gewisse Zeit beispielsweise durch eine interessante Herausforderung, ein faszinierendes Ziel oder die aufbauende Teammitgliedschaft angeregt werden. Über längere Zeit hinweg haben die Merkmale der Arbeitsumgebung trotzdem einen zunehmenden Einfluss. Diese Wirkung geschieht einerseits auf der individuellen Ebene, andererseits kollektiv. Wie bereits angedeutet, können beispielsweise Farben, Formen und Strukturen der Einrichtung oder Dekoration stärkend oder schwächend auf einzelne Teammitglieder einwirken. Aber auch die Tätigkeit ganzer Abteilungen kann aufgrund ungünstiger Gestaltungsmerkmale unter unverhältnismäßig vielen Fehlentscheidungen, psychosozialen Konflikten oder anderen misslichen Erscheinungen leiden.

Grafik 13: **Entsprechungen zwischen Gebäude, Mensch und Büro**

Gebäude	Mensch	Büro
Tür	Mund	Vitalität des Unternehmens
Eingangsbereich	Atemweg	Kunden-, Besucherbegrüßung
Fenster	Augen	Perspektive
Flure	Blutbahnen	interner Kommunikationsfluss, Auftragsvolumen
Versorgungsleitungen	Nervenstränge	Atmosphäre, Betriebsklima
Dachgeschoss	Denken	Strategische Planung
Keller, Lager	Unbewusstes	Vorrat oder Ballast
Außenwand	Haut	Außenauftritt
Zustand	Gesundheit	Wirtschaftssituation
Außengestaltung vorn	Auftreten	Anziehungskraft
Außengestaltung hinten	Schutz	Unterstützung von außen

Die energetische Stärke Das Ausmaß, in dem alle beschriebenen ungünstigen Raumfaktoren auf einen Menschen einwirken, ist von Person zu Person und von Tag zu Tag verschieden.

Aber auch auf positive Ereignisse, wie die Anerkennung eines Vorgesetzten oder den erfolgreichen Abschluss eines Projektes, reagieren wir nicht immer gleich. Wesentliches Gewicht hat dafür die individuelle *energetische Stärke.*

Dieser Begriff bezeichnet das Ergebnis des Zusammenwirkens dreier Faktoren:

- der körperlichen Faktoren (wie genetisches Erbe, Konstitution, Umgang mit dem Körper, Schlaf, Ernährung, Luft, Bewegung, Qi-Fluss im Körper);
- der psychischen Faktoren, wie aktuelle Ich-Stärke und Selbstwertgefühl, Bewusstheit in Bezug auf die eigenen Stärken, Komplexe, Emotionen, extravertierte oder introvertierte Grundeinstellung und typologische Elemente;[22]
- und des *Feng Shui-Profils* (siehe Kapitel 1, S. 43).

Anspannung und Stress werden durch mentale und psychologische Maßnahmen besser verkraftet. Unverzichtbar ist aber auf die Dauer auch eine aufbauende und vitalitätsfördernde Arbeitsumgebung.

Die Leistungsfähigkeit eines Menschen wird entscheidend von seiner energetischen Stärke bestimmt. Auf diese wirken nun gleichzeitig in jedem Moment alle Faktoren der Umgebung ein, darunter die dargestellten raumpsychologischen Elemente, wie Qi-Fluss, Energiefelder, Richtungs- und Zeitqualitäten des Raumes, Botschaften an das Unbewusste durch die Innengestaltung. Hinzu kommen natürlich die Ereignisse des täglichen Lebens, die momentane Tätigkeit sowie die sozialen Interaktionen mit der Umwelt.

In der heutigen Zeit hoher beruflicher Anforderungen bei gleichzeitiger steigender nervlicher Belastung wäre es verantwortungsbewusst und unternehmerisch klug, zu versuchen, in dem gesamten Beziehungsgeflecht so viele Faktoren wie möglich positiv zu beeinflussen. Abgesehen von dem zu erwartenden größeren unternehmerischen Erfolg würde das Berufsleben hierdurch auch entschieden freier von unnötiger psychischer Anspannung. *Sick Building Syndrome* und *Burn Out Syndrome* würden weniger häufig oder zumindest weniger gravierend auftreten.

Nehmen wir an, Sie landen mit einem Projekt einen Fehlschlag, werden abgelehnt, sind selbst enttäuscht und verärgert. Durch diesen Misserfolg wird Ihre energetische Stärke natürlich auch dann verringert, wenn die in der Raumpsychologie behandelten Faktoren weitestgehend positiv sind. Aber Sie werden in diesem Fall weit schneller zu einem ausgeglichenen Zustand und zur vorherigen geistigen Leistungsfähigkeit zurückfinden.

Oder umgekehrt: Haben Sie den Traum-Job Ihres Lebens erhalten, so wird Ihnen diese Herausforderung möglicherweise zu einer psychischen Hochphase verhelfen. Noch nie hatten Sie so viel Energie, derart originelle Einfälle und eine ähnlich umwerfende Ausstrahlung. Wenn Sie jetzt in einem Büro sitzen, in dem aus raumpsychologischer Sicht bedeutende Missstände bestehen, wird dies zwar für eine Zeit lang Ihrer unglaublichen Dynamik keinen fühlbaren Dämpfer aufsetzen. Im übertragenen Sinn rennen Sie in diesem Fall dennoch auf einem steilen Pfad bergauf, und Sie werden mit der Zeit immer mehr psychische Energie für den Ausgleich der ungünstigen Raumfaktoren aufwenden müssen und damit für Ihren Arbeitseinsatz verlieren.

Ein wesentliches Ziel im Bemühen um eine raumpsychologisch optimale Büroumgebung besteht deshalb darin, die Raumfaktoren so zu gestalten, dass sie Ihre energetische Stärke intensivieren und Ihnen damit zu höherer Stresstoleranz sowie leichterer Bewältigung aller beruflichen Belastungen verhelfen.

Die Position der Stärke Wesentlichen Einfluss auf Ihre energetische Stärke hat der Ort, den Sie in einem Raum jeweils einnehmen. Wählen Sie daher immer die *Position der Stärke!* Dieser Kraft-Spot ist der Platz, der Sie unter den gegebenen Umständen am nachhaltigsten unterstützt. Ausschlaggebend sind dafür vor allem fünf Kriterien:

1. Das Maß an Sicherheit, das Ihnen Ihre Sitzposition unbewusst vermittelt,
2. der Qi-Strom in dieser Position,
3. die Botschaften und Energien im Raum,
4. die Perspektive und Übersicht, die Ihnen der Platz bietet,
5. die Energie der Himmelsrichtung, in die Sie blicken.

Ein gutes Beispiel für die Position der Stärke ist der mittelalterliche Thronsaal. Der Herrscher übte dort die größtmögliche Autorität aus: Der schützende Thronsessel vermittelte Sicherheit und Unterstützung. Der weite Blick durch den Saal zum Eingang verlieh Perspektive und Umsicht. Die gute Orientierungsmöglichkeit im Raum stärkte Kontrolle und Macht. Die Ausstattung des Raumes mit Symbolen der Kraft und Stärke förderte Vitalität und Entscheidungsfreude.

Wer effizient und erfolgreich arbeiten möchte, sollte sich ähnliche Vorteile suchen. Es gilt also, für ausreichenden Rückenschutz – das so genannte *Backing* – zu sorgen, sowohl eine inspirierende Aussicht nach vorn als auch die Tür im Blick zu haben und die Energien der persönlichen *günstigen Himmelsrichtungen* nutzen zu können (siehe auch Kapitel 5, S. 122 ff.).

Ein klassisches „Backing“: die Staatsflagge stärkt dem Politiker den Rücken. Seine Ich-Stärke wird durch dieses mächtige Symbol unterstützt, und die gesamte Nation steht im übertragenen Sinn hinter ihm.

Das Alpha-Büro In manchen Büros und Konferenzräumen ist der Erfolg zu Hause. Es sind Orte, auf die man sich freut, die energetisierend wirken, in denen sich Beschäftigte oft auf unspezifische Weise gut fühlen, in denen anhaltend fruchtbare Teamarbeit möglich ist und eine überdurchschnittliche innerbetriebliche Wertschöpfung statt findet. Solche stärkenden Räume bezeichnen wir als *Alpha-Büros.*

Alpha-Büros haben immer wertvolle raumpsychologische Merkmale unterschiedlicher Art. Sie verfügen über einen starken, harmonischen Qi-Strom. Sie haben eine angenehme Atmosphäre, eine freundliche Persönlichkeit. Die Einrichtungs- und Dekorationsgegenstände motivieren, die räumlichen Gegebenheiten sind aufbauend und vermehren die energetische Stärke des dort Arbeitenden.

In Bezug auf die Einrichtung weisen Alpha-Büros unter anderem folgende Merkmale auf:

- Auch bei einem puristischen, kühlen Design Auflockerung der Gestaltung durch Blumen, Pflanzen und satte Farbakzente;
- Vermeidung eines erdrückenden Übergewichts von Technik, dunklen Farbtönen, Metallfarben, geraden Linien und rechten Winkeln;
- Verzicht auf aggressive, provokative oder missgestaltete Formen gegenständlicher oder nicht gegenständlicher Abbildungen oder Skulpturen;
- Verwendung aufbauender, optimistischer, Vitalität und Entscheidungsfreude ausdrückender Botschaften.

Frauen können die wahrscheinlich auch in der Zukunft häufige Doppelbelastung durch Beruf und Familie weit besser bewältigen, wenn sie in stärkenden Räumen arbeiten.

Äußerliche Gelassenheit täuscht manchmal über anhaltende unbewusste innere Anspannung hinweg, die nach und nach ihren Preis fordert. Stärkende Räume stellen zusätzliche Energie und Vitalität zur Verfügung.

Hinzu kommen bewusst ausgewählte und platzierte Freude-Auslöser. Freude fördert die Kooperationsfähigkeit. Die Tiefenpsychologin Verena Kast sagt treffend: „Freude ist die Emotion, die uns offen werden lässt, uns öffnet. [...] Wir müssen unsere Ich-Grenzen in diesem Zustand nicht mehr stur behaupten, sondern können uns öffnen. [...] Freudige Menschen eignen sich schlecht als Opfer“.[23]

Wenn wir uns unvermittelt „gut drauf“ fühlen, gute Laune haben, inspiriert sind, mit einer hohen Anzahl von Stressfaktoren ohne Schwierigkeiten zurecht kommen, sogar verbale Angriffe von außen oder eigene Missgeschicke mit einem Lächeln quittieren können, sind immer Freude-Auslöser beteiligt, wie:

- Symbole des Lebens und der Fülle, die Gesundheit und Wohlstand darstellen;
- Symbole mit spirituellen, transzendenten Inhalten, die Inspiration und Kreativität ausdrücken;
- Symbole der Freude und Schönheit, die unser Selbstwertgefühl erhöhen;
- Gegenstände, die uns an Erfolgserlebnisse erinnern.

Fast jeder Ort kann zum Alpha-Büro gemacht werden. Der Aufwand ist jedoch sehr unterschiedlich. Manchmal erfordert er Umstrukturierungen oder gar Umbauten, in anderen Fällen dagegen nur den Einsatz von „Bordmitteln“. Bisweilen ist es sogar lediglich notwendig, einmal gründlich aufzuräumen. Oder ungeordnete Kabel müssen verdeckt, ein herabziehendes, entwürdigendes Poster durch ein aufbauendes Foto ersetzt oder ein kümmerliches Kakteengewächs gegen ein leise sprudelndes Wasserspiel oder eine üppigere Begrünung getauscht werden. Gelegentlich kann eine ausschließlich geradlinig-geometrische Einrichtung durch einige weiche, geschwungene Formen ergänzt und bereichert werden. In wieder anderen Fällen lässt sich ein großflächiger Farbkonflikt nach dem *Brückenzyklus* der *Fünf Elemente* durch kleine Farbakzente ausgleichen. Ein Konflikt auf der zeitlichen Ebene kann wiederum durch Platzierung eines geeigneten Objektes entschärft werden.[24]

Aber auch für Alpha-Büros gilt die enge Affinität zwischen Mensch und Büro. Möchten Sie erfolgreich arbeiten, so reicht es nicht, nur Ihre Arbeitsplatzumgebung zu überprüfen und zu optimieren. Veränderungen in Ihrer Umgebung und Veränderungen in Ihnen selbst müssen Hand in Hand gehen. Auch Ihre inneren Räume lassen sich optimieren. Beispielsweise können Sie sich der spannenden Herausforderung stellen, eigene

Komplexe, Ängste und Bedürfnisse immer genauer zu erkennen oder die Ich-Stärke zu intensivieren oder an wahrem Selbstbewusstsein zu arbeiten.

Im anderen Fall ergibt sich bei einer Umgestaltung des Büros vielleicht das gleiche Phänomen wie bei der ungenügenden Veränderung von Organisationsstrukturen: „Die Strukturoptimierer sitzen jenem Irrtum auf, den jeder schon einmal erlebte, der hoffte, die Reise in ein fernes Land mache ihn glücklicher: Man nimmt sich halt immer mit".[25]

Ägyptischer Skarabäus – Sinnbild für schöpferische Kraft. Das Verständnis für unser kulturelles Erbe und seine Symbole bildet eine wertvolle Ergänzung zum fernöstlichen Wissen und zu den Erkenntnissen der Tiefenpsychologie. Hieraus ergibt sich die beste Grundlage für die erfolgreiche Optimierung unserer inneren Räume und unseres Arbeitsumfeldes.

Praxis der Raumpsychologie

Das Gebäude – Spiegel des Unternehmens

„Zeige mir dein Bürogebäude, und ich sage dir, wie dein Unternehmen ist." Wann haben Sie das Gebäude, in dem Sie arbeiten, zuletzt bewusst angeschaut? Haben Sie sich Gedanken darüber gemacht, wie es aussieht? Wie gepflegt es ist? Wenn Sie es mit einem Menschen vergleichen würden: Wer würde dann vor Ihnen stehen? Wäre es jemand, zu dem Sie Vertrauen hätten? Oder jemand, der Ihnen völlig gleichgültig wäre? Jemand, vor dem Sie Angst hätten oder auf den Sie ziemlich verächtlich herabblicken würden? Würden Sie diesen Menschen bewundern, stolz auf ihn sein, ihm hervorragende Leistungen und überwältigenden Geschäftserfolg prophezeien? Dies sollte das Ziel sein!

Der Außenauftritt

Der Raum jedes Gebäudes beginnt dort, wo es zum ersten Mal gesehen wird. Es hebt unbemerkt Ihr Selbstbewusstsein, wenn Ihr Geschäftsgebäude von weitem erkennbar ist und eine klare und positive, von der Unternehmensführung bewusst gestaltete Botschaft vermittelt.

Die Begegnung mit einem Gebäude entspricht immer derjenigen mit einem Menschen. Die Herausforderung lautet: Wie kann ein Geschäftsgebäude so interessant und attraktiv wie möglich aussehen und doch zugleich harmonisch, wohlproportioniert und geordnet sein? Wie kann es außerdem authentisch, unverfälscht und glaubwürdig die Firmenphilosophie widerspiegeln?

Oft klaffen zwischen der Mission oder Vision eines Unternehmens und dem Außenauftritt des Gebäudes Welten! Wenn das Gebäude einen verzerrten, bizarren oder unnatürlich verformten Eindruck macht, so kann das Bewusstsein noch so überzeugt davon sein, dass hier das Aufsehen erregendste Bauwerk aller Zeiten steht. Das Unbewusste hat wenig Verständnis dafür. Demgegenüber bereichert jeder, der einen positiven Eindruck von einem Gebäude gewinnt und ihn hineinträgt, das morphische Erfolgsfeld um eine weitere vorteilhafte Schicht. Entscheidend ist: Vermittelt das Gebäude auf den ersten Blick die Botschaft, dass hier der Erfolg zu Hause ist?

Wie sehen Geschäftsgebäude jedoch häufig aus? Sie sind in vielen Fällen langweilig, angepasst, schematisch; manche wirken düster und entmutigend, resigniert und gebrochen, andere sind ungepflegt. Es gibt Gebäude, die anscheinend von ihrer Form her auf die „schiefe Bahn" geraten

Ein großzügiger und unverstellter Eingang in einem sinnvollen Größenverhältnis zum Gebäude ist ein nicht zu unterschätzender Positiv-Faktor – eine aufbauende Schnittstelle zwischen dem Außenraum und dem Gebäudeinneren sowie freie „Pforte des Qi“. (DBV-Versicherung, Wiesbaden)

sind, und es gibt Gebäude, die einen geschmackvollen, klar strukturierten Eindruck machen. Der Eindruck von einem Gebäude hat viel mit dessen Persönlichkeit zu tun. Ein ansprechendes, attraktives Gebäude hat einen ähnlichen (unbewussten) Wert wie eine gut gestaltete Visitenkarte: beide sind Vertrauensbildner und unterstützen den Geschäftserfolg – jedoch unter der Voraussetzung, dass die dahinter stehende Unternehmenskultur damit übereinstimmt.

Auch Proportionen haben viel mit der Persönlichkeit des Gebäudes zu tun. Ein sehr großes Gebäude sollte einen ausreichenden Raum um sich haben. Ist ein Gebäude an andere gelehnt, so muss es in einem gewissen Sinn durch eine Betonung der Fassade an Individualität gewinnen. Denken Sie an eine Reihe eng nebeneinander stehender Menschen: einzelne Gesichter fallen Ihnen dann am meisten auf, wenn sie durch irgendein hervortretendes Merkmal den Blick auf sich ziehen.

Wie kann die Fassade zusätzlich betont werden? Ist ein Neuanstrich mit einer interessanten Farbgebung sinnvoll? Können Licht und Lichtreklamen zusätzlich die Aufmerksamkeit auf sich ziehen? Können harmonische und architektonisch sinnvolle Schmuckelemente angebracht werden?

Nutzen Sie die Wirkung wehender Flaggen an der Vorderfront des Gebäudes. Fahnen vermitteln Identität, verleihen Lebendigkeit, machen den Wind sichtbar, ziehen damit auch im übertragenen Sinne Energie an sich. Denken Sie an den Satz: „Where the attention goes energy flows!" Je mehr Energie sich in der Nähe des Gebäudes sammelt, desto mehr Qi gelangt auch hinein. Diesen Effekt können neben Flaggen auch andere sich bewegende Objekte in der Nähe des Haupteingangs erzielen.[26]

Auch Skulpturen vor oder am Gebäude können als Energiesammler wirken. Allerdings dürfen sie auf keinen Fall direkt vor dem Eingang stehen und somit ein Hindernis für das eintretende Qi darstellen oder gar einen Qi-Pfeil erzeugen. Und Sie können sich vorstellen, welchen Eindruck das Unbewusste aller Eintretenden von einer Skulptur erhält, die in irgendeiner Weise aggressiv, verunstaltet, entstellt oder hässlich erscheint.

Eine solche Skulptur unterstützt auch dann nicht den Geschäftserfolg, wenn es sich um ein preisgekröntes Kunstwerk handelt. Die Botschaft „mit einem Preis ausgezeichnet" erreicht nur das Bewusstsein, also etwa ein Siebtel der Psyche des Betrachters. Die herabziehende, nachteilige Wirkung auf den unbewussten Teil der Psyche ist also erheblich stärker. Selbst wenn ein – ansonsten unansehnliches – Kunstwerk als Alibifunktion das kulturelle und soziale Engagement des betreffenden Unternehmens bezeugen soll, ist es im Grunde ein „Eigentor".

Eine Frau flieht aus dem Gebäude, ein Mann wendet sich ab – welche Botschaft vermitteln diese (noch dazu direkt vor dem Eingang platzierten) Skulpturen dem Unbewussten der Kunden?

Umgebungsfaktoren Schauen Sie sich um, wie die anderen Gebäude neben Ihrem Geschäftsgebäude aussehen. Jedes Bauwerk hat seine eigene Persönlichkeit und färbt auf nahe stehende Gebäude ab, ähnlich wie es bei Menschen der Fall sein kann. Es ist leichter, ein Gebäude gepflegt zu erhalten, wenn es im morphischen Informationsfeld anderer gepflegter Gebäude steht.

Analoge Überlegungen gelten, wenn in einem Geschäftsgebäude mehrere Unternehmen Büros unterhalten. Alle beeinflussen einander. Ein schwarzes Schaf schadet den anderen, indem es ihnen auf irgendeine Art Kosten verursacht (die Ursache dafür spielt letztlich keine Rolle). Umgekehrt lässt jedes erfolgreiche Unternehmen aufgrund seines morphischen Feldes die benachbarten Firmen am Erfolg teilhaben.

Es gibt zahlreiche ungünstige Umgebungsfaktoren, die Schwierigkeiten für ein Geschäftsgebäude hervorrufen können. Dazu zählen beispielsweise angreifende Strukturen anderer Gebäude wie Gebäudekanten, die in ihrer Verlängerung genau auf den Eingangsbereich des Gebäudes zielen und ihn bedrohen. Im übertragenen Sinne wirkt dies so, als ob jemand direkt vor Ihnen steht und ständig mit einem scharf zugespitzten Speer auf Ihren Mund zielt. Stellen Sie sich dies einmal bildlich vor – merken Sie, wie sich dabei Ihre Nackenhaare aufstellen? Vergleichbare Angriffe rufen kahle Baumstämme, Laternenmasten oder Begrenzungspfähle vor, wenn sie direkt vor dem Eingang stehen. Auch spitze Kirchtürme gegenüber sind bedenklich.

Ein ähnlicher Angriff erfolgt auch durch belebte Straßen, die direkt auf das Gebäude zulaufen und erst kurz vor dem Eingang abbiegen. Die Autos fahren zwar um die Straßenkurve; aber die Energie rast quasi weiter auf den Eingang zu. Auch wenn ein Gebäude oberhalb einer T-Kreuzung steht, wird es durch die darauf zulaufende Straße angeschossen. Denken Sie daran, wie *Qi-Pfeile* entstehen (siehe auch Kapitel 1, S. 35)!

Nach dem klassischen Feng Shui lassen sich in solchen Situationen nachteilige Folgen verhindern oder vermindern, indem vor dem Gebäude zum Beispiel abschirmende Pflanzengruppen aufgestellt werden, die den Angriff ablenken oder abwehren. Stärkende „Wächterskulpturen“ in der Eingangshalle dienen dem gleichen Zweck. Aber Vorsicht: Der Eingang darf dennoch nicht verstellt werden, da das Gebäude sonst keine oder zu wenig Vitalenergie erhält.

Achten Sie auch auf weitaus höhere Gebäude in Ihrer Nachbarschaft. Ihr Haus sollte nicht im Schlagschatten eines anderen Gebäudes stehen. Besteht aber ein solches Schattendasein, so sollte die Fassade derart betont werden, dass der Eindruck entsteht: Dieses Gebäude ist zwar kleiner als seine Nachbarn, hat es aber faustdick hinter den Ohren – denken Sie an den „David und Goliath-Effekt“. Auch das Dach kann betont werden, beispielsweise durch wehende Flaggen oder blinkende Lichtreklametafeln (vorbehaltlich behördlicher Genehmigung).

Problematisch ist bisweilen die Lage eines allein stehenden und isolierten Gebäudes (wie beispielsweise auch ein Hochhaus, das als Einziges aus der umgebenden Bebauung extrem weit herausragt). In seiner ungeschützten Position ähnelt es einem vorstehenden Nagel, der darauf wartet, eingeschlagen zu werden. Dort angesiedelte Unternehmen sind im übertragenen Sinn oft rauen Winden ausgesetzt. Gesunder Menschenverstand, demzufolge ein eher solide eingebettetes Gebäude vorzuziehen wäre, scheitert in solchen Fällen häufig am Bauträger- oder Architektenwunsch nach einem *Look-at-me-Gebäude.*

Ein „gekröntes" Geschäftszeichen, das durch (nur bei Sonnenschein sichtbare) Spinnweben abgewertet wird. Prüfen Sie die Sauberkeit Ihrer Fassade zu wechselnden Tageszeiten und bei unterschiedlichen Wetterlagen!

Firmenschild und Logo Das Firmenschild sollte glänzend und makellos sein. Sicher mögen Sie keine verschmutzte oder beschädigte Visitenkarte ausgehändigt bekommen. Genauso sollten Sie darauf achten, dass Ihr Firmenschild oder Emblem frei von Staub, Verfärbungen, Spinnweben und so weiter ist. Eigentlich eine Selbstverständlichkeit und einleuchtend, nicht wahr? Dennoch sehen wir immer wieder das Gegenteil!

Durch die Gestaltung Ihres Firmenschildes wie auch des Logos senden Sie eine starke Botschaft aus. Vor allem der Namenszug hat dabei überragende Bedeutung. „Ihr Name ist Ihr Mantra!" lautet ein Credo im Feng Shui. Der Firmenname sollte Ihnen heilig sein, da er symbolisch für das ganze Unternehmen steht. Und die Darstellung des Firmennamens und des gesamten Logos zieht nach dem *Gesetz der Resonanz* eine anhaltende Langzeitwirkung auf den Geschäftserfolg nach sich. Es gibt eine Fülle von Beispielen, wie sich die „self fulfilling prophecy" von Logos zeigen kann.

Beachten Sie in Bezug auf die Gestaltung von Geschäftszeichen deshalb die folgenden Empfehlungen: Der Namenszug sollte einen dynamischen und zugleich stabilen Eindruck machen. Oder würden Sie als Kunde oder Klient Ihr Schicksal gern einer wackligen Einrichtung anvertrauen? Der Namenszug darf außerdem nicht von einem Pfeil bedroht werden oder durchbrochen, zertrennt oder zerspalten sein, denn schließlich sollte sich auch Ihr Unternehmen nicht selbst angreifen, sabotieren, zersplittern oder zerteilen.

Die Buchstaben müssen deutlich und ganz sein. Unvollständige Buchstaben im Logo vermitteln den Eindruck, dass das Unternehmen nicht weiß, was es will. Schief stehende und aus dem Namenszug herausgelöste Buchstaben deuten auf eine Tendenz zur Schieflage. Schattenartige Schraffierungen könnten zu verstehen geben, dass im Unternehmen Bereiche existieren, die besser nicht der Öffentlichkeit zugänglich gemacht werden.

Schräge Linien oder Strukturen sollten immer von links unten nach rechts oben verlaufen. Im umgekehrten Fall entsteht der Eindruck einer stürzenden Aktienkurve und eines negativen Geschäftsverlaufs.

Formen wie Kreise (Symbol der Ganzheit) oder Rechtecke sowie Menschen, Tiere oder Gegenstände müssen ganz abgebildet, also heil sein. Sonst wird das Unternehmen angeknabbert. Würden Sie beispielsweise zu einem Apfel greifen, der bereits von jemand anderem angebissen ist?

Die Farben werden am besten unter Berücksichtigung des Fünf-Elemente-Systems gewählt. Die Elemente der Farben sollten sowohl den Inhaber beziehungsweise Hauptentscheider unterstützen als auch mit dem Geschäftsgegenstand in Harmonie stehen.

Dafür ein vereinfachtes Beispiel: Werbeagenturen sind Inbegriff der Kreativität. Das dementsprechende Element ist nach dem Fünf-Elemente-System Holz, die zugehörige Farbe ist Grün. Verwendet eine Werbeagentur in ihrem Logo überwiegend die Farbe Rot, so wirkt das Geschäftszeichen auslaugend: Rot ist das „Kind" von Grün (Holz nährt Feuer), zehrt also als energetisches Feld von dessen Kraft. Unterstützend wäre demgegenüber die Farbe Blau (Wasser nährt Holz).

In der Praxis müssen bei der Farbwahl allerdings noch weitere Gesichtspunkte berücksichtigt werden. Es erfordert daher eine individuelle Beratung, Logos sorgfältig auf die energetische Struktur des Unternehmens, den Geschäftszweck und den Geschäftsinhaber abzustimmen.

Der Eingangsbereich: die Pforte des Qi Nun kommt ein magischer Moment: wir treten in das Gebäude ein! Damit vertrauen wir uns seinem Schutz an, begegnen seiner Persönlichkeit und „loggen uns ein" in die dort herrschenden energetischen Felder.

Unternehmer sollten sich die Chance bewahren, im Eingangsbereich sofort den bestmöglichen Eindruck einer starken und dabei fürsorglichen sowie inspirierenden Gebäudepersönlichkeit zu vermitteln. Zu ausgeprägte Kühle, Puristik, Minimalistik und Nüchternheit verbreiten hier einen arroganten, abweisenden Eindruck. Meistens gilt das Gleiche für das Empfangspersonal: Wer ständig in der leblosen, selbstgefälligen und überheblichen „Look-at-me-Atmosphäre" eines futuristisch durchgestylten Eingangsbereiches arbeitet, fühlt sich entsprechend weniger motiviert, Besucher auf herzliche Weise willkommen zu heißen.

Aufbauender – wenngleich vielleicht weniger spektakulär – wirkt ein Eingangsbereich, der von vornherein den Eindruck macht: Wir heißen Sie willkommen! Sich um die Beziehung zu einem Menschen zu bemühen ist im übertragenen Sinne eine weibliche Eigenschaft. Anstatt nach einer ausschließlich maskulinen Hightech-Umgebung verlangt sie in angemessener Form nach Akzenten der Wärme, Weichheit, Schönheit, der Frische und des Lebens – auch im Bürogebäude!

Der Eingang hat ausschlaggebende Bedeutung für die Qi-Versorgung des Gebäudes, damit für die energetische Stärke des Unternehmens und natürlich auch für seinen Geschäftserfolg. Vorbedingung für eine ausreichende Qi-Versorgung ist ein unverstellter, sauberer und atmosphärisch hochwertiger Eingang. Wie schnell das Gegenteil eintritt, zeigt folgendes

Rechte Seite: Die Gestaltung eines so großzügigen Atriums ist nur selten möglich, aber keineswegs alleiniger Garant für einen aufbauenden Empfang. Spitze Dachkonstruktionen sind problematisch: Sie entsprechen dem Element Feuer und saugen das einströmende Qi nach oben. Dagegen lenken Kuppeldächer die Energie wieder in den Raum zurück. (Atrium et la Coline Office Development, Paris)

Beispiel: Pförtner oder Mitarbeiter reißen morgens zum Lüften die Eingangstür auf und blockieren sie mit einem vollen Bodenaschenbecher! Das morphische Informationsfeld „Asche und Schmutz" kontaminiert damit die eintretende Vitalenergie, die diese Verschmutzung auf ihrem Weg durch das ganze Gebäude mit sich trägt und überall verbreitet.[27]

Drehtüren sollten möglichst drei Flügel haben, nicht vier. Ungerade Zahlen stehen für Dynamik, Schwung und Antrieb, gerade Zahlen dagegen für Ausgleich, Stillstand und Passivität. Aus diesem Grund haben übrigens auch etwaige zum Eingang führende Stufen am besten eine ungerade Anzahl. Durch Drehtüren kann auch die Flussrichtung der Vitalenergie bestimmt werden: sie drehen sich daher am besten in die Richtung, in die die Energie anschließend fließen soll.

Überprüfen Sie auch die Kunstwerke und Dekorationen im Eingangsbereich. Wenn sich der Künstler bei der Erschaffung seines Werkes in einer problembelasteten, gärenden Lebensphase befand, kann auch dieser Umstand den Eingangsbereich kontaminieren. Je größer das Kunstwerk ist, desto heftiger wird die entsprechend belastete Ausstrahlung in das gesamte Gebäude „inhaliert".

Ein schwerwiegender Fehler im Eingangsbereich ist, den Unternehmensnamen oder das Geschäftszeichen auf dem Sauberlauf oder allgemein

Die Drohung, von oben erschlagen und von der Seite aufgespießt zu werden, widerspricht einem Vertrauen bildenden Empfang.

Rolltreppen genau gegenüber dem Eingang sind ungünstig. Die aufwärts strömende Energie lässt den hinteren Bereich des Erdgeschosses energetisch unterversorgt. Wer abwärts fährt, verstärkt das Hinausströmen der Energie (und des Erfolges) aus dem Gebäude. Abhilfe: die Rolltreppen schräg anordnen, oder eine schräge Qi-Lenkung zwischen Eingang und Rolltreppen.

im Fußbodenbereich anzubringen. Jeder Eintretende tritt damit das Unternehmen – und seinen Eigentümer – mit Füßen und trägt diese Entwürdigung als Botschaft in das Gebäude hinein. Sauberläufe haben eine wichtige Funktion, sollten aber immer neutral sein.

Ein weiterer Kardinalfehler besteht darin, den Eintretenden durch eine *Double Message* (kontrastierende, ambivalente Botschaft) unbewusst zu verunsichern. Dies geschieht beispielsweise, wenn der Eintretende durch ein Schild „Herzlich willkommen" begrüßt wird, während er gleichzeitig von der scharfen Kante eines Pfeilers im Eingangsbereich getroffen wird. Ähnliches gilt für Ecken eines Empfangstisches, die auf den Eingang zielen, oder für in den Boden eingelassene Dreiecksformen, die spitz auf den Eingang zulaufen. Ein zusätzlich abweisender Eindruck kann durch Querstreifen auf Sauberläufen oder auf dem Boden entstehen. Querstehende Lichtleisten im Eingangsbereich erzeugen den Eindruck verschränkter Arme und vermitteln damit dem Eintretenden eine reservierte Einstellung. „Sie küssten und sie schlugen ihn" – nach diesem Motto werden erstaunlich viele Eingangsbereiche gestaltet.

Es empfiehlt sich, im Eingangsbereich auf eine zu ausgeprägte Dominanz einer energetischen Grundschwingung (Holz, Feuer, Erde, Metall oder Wasser) zu verzichten. In den meisten Fällen wirkt dies einseitig und abweisend. Das Übergewicht eines Elements sollte nur dann bewusst in Kauf genommen werden, wenn die individuelle Beratung dies im Hinblick auf einen Ausgleich ungünstiger Zeit- oder Raumqualitäten vorsieht.

Innen sollte sich der Qi-Verlauf vom Eingang weg in einer sanften Wegführung erstrecken. Vorteilhaft ist es, wenn Strukturierungen des Fußbodens nicht in streng geometrischen Linien, sondern geschwungen verlaufen. Dies gilt insbesondere für Fußbodenmarkierungen und Trennlinien zwischen unterschiedlichen Fußbodenbelägen (wie Marmor und Teppich).

Welche Note geben Sie Ihrem Eingangsbereich? Überlegen Sie jetzt, welche Vor- und Nachteile Sie auf Anhieb erkennen. Gibt es sofortige Schritte zur Verbesserung?

Der Empfangstisch – Freund oder Feind? Der Empfang sollte nicht direkt gegenüber der Eingangstür positioniert sein. In diesem Fall entsteht ein „Zerberus-Effekt", durch den der Eintretende schnell den unangenehmen Eindruck bekommt, beobachtet zu werden. Der unbewussten nachteiligen Wirkung kann sich so leicht niemand entziehen! Außerdem wird

Ein ästhetisch und funktional ansprechender, moderner Empfangsbereich. Bei jeder Eingangsplanung sollte zusätzlich gefragt werden: Wird der Besucher in irgendeiner Weise durch eine unklare oder abweisende Botschaft verunsichert oder geschwächt? Vermeiden Sie auch einen Empfang mit einem defensiven „Wagenburg-Charakter", der eher das Personal schützt anstatt willkommen heißende Offenheit auszustrahlen.

häufig das Empfangspersonal, das in gerader Linie gegenüber dem Empfang sitzt, von einem *Qi-Pfeil* in die Brust getroffen, der eintretende Besucher hingegen in den Rücken. Besser wäre eine leicht geschwungene Bewegungslinie zwischen Eingangstür und Empfangstisch. Dafür können auf dem Boden stehende Pflanzen, geschwungene Markierungslinien oder geschwungene Sauberläufe sorgen.

Die wenigsten Personen machen sich in dem Moment, in dem sie an einen Empfangstisch oder -tresen treten, bewusst Gedanken um dessen Form. Sie ist aber sehr wichtig, da sie die Stimmung des Besuchers unbewusst konditioniert: „Bin ich willkommen oder werde ich abgelehnt? Will man sich gar vor mir schützen?"

Gegenüber den gewohnten geraden Tischen mit Außenablage haben geschwungene Empfangstische eine vorteilhaftere Anmutung. Dies gilt aber nur, wenn sie sich – ganz oder zumindest zum Teil – konkav zum Davorstehenden hin öffnen. Die dadurch vermittelte unbewusste Botschaft entspricht der so genannten *Thymusgeste,* der Willkommensgeste par excellence, und erinnert an die ungeschützte Brust und die offenen Arme, mit denen wir einen Freund begrüßen.

Ein konvex geformter Tisch ist zwar abgerundet, suggeriert jedoch unbewusst Ablehnung und wirkt dadurch sogar ungünstiger als ein gerader Empfangstisch. Denken Sie an ein Gegenüber, das Sie mit einem weit ausladenden Bauch oder vor der Brust verschränkten Armen begrüßt. Zieht sich hier noch eine Ablagefläche mit dünner, spitzer Kante entlang, so wird der Davorstehende in doppelter Hinsicht energetisch und psychisch geschwächt. Die Ablagefläche schneidet genau in seine Eingeweide. Auch wenn er nicht bewusst darauf achtet, wehrt sich sein ganzes instinktives Schutz- und Abwehrsystem dagegen. Die hierfür aufgewendete Energie steht daraufhin für geistige Leistungen nicht mehr zur Verfügung. Ablageflächen sollten folglich ebenso abgerundet sein wie auch die Kanten anderer Büromöbel, die im 45°-Winkel auf Verweilpositionen zielen.

Die energetische Stärkung des Empfangspersonals Wer vom Empfangspersonal stets freundliches Entgegenkommen erwartet, muss die dafür notwendigen raumpsychologischen Voraussetzungen schaffen. Auf den Punkt gebracht: Der oder die Mitarbeiterin sollte über einen guten Rückenschutz verfügen, der symbolisch zudem durch das Logo des Unternehmens oder eine Abbildung des Firmengebäudes oder der wichtigsten Produkte verstärkt werden kann. Im übertragenen Sinne steht dann das ganze Unternehmen hinter dem Empfangspersonal.

Blumen sind Elemente des Lebens. In der eher maskulin betonten, Yang-orientierten Bürowelt sind Blumen ein wertvoller und energetisch auffrischender Ausgleich.

Auf keinen Fall sollte der Mitarbeiter im *Energiedurchzug* (das heißt in der Linie zwischen der Eingangstür und einem Fenster) sitzen. Genau gegenüber der Tür würde ihn außerdem, wie vorher bereits gesagt, ein *Qi-Pfeil* treffen und schwächen. Bei der Auswahl des Mobiliars ist zugunsten des Empfangspersonals darauf zu achten, dass keine Angriffe durch dreieckige Arbeitsplatten (auch Telefon- oder Monitorstützen) entstehen, die auf Kopf oder Brust zielen.

Besonders nachteilig sind Spots genau über dem Kopf. Durch den gebündelten Lichtstrahl wird das Kronenchakra des Mitarbeiters, das wesentliche Bedeutung für die geistige Leistungsfähigkeit hat, während des ganzen Tages energetisch geschwächt. Sensible Menschen bekommen schnell Kopfschmerzen, wenn sie von oben angestrahlt werden.

Bei der Farbwahl sollte das *Fünf-Elemente-System* berücksichtigt werden: große einfarbige Flächen können im Konflikt zur individuellen energetischen Struktur des Mitarbeiters stehen. Hat eine Empfangsdame beispielsweise vorherrschend das Element Feuer, wird ihr aber ein Arbeitsplatz mit durchgängig blauer Farbgebung zugewiesen, so wird ihre Feuer-Energie während des ganzen Tages gelöscht. Geschieht dies Tag für Tag und wird die Energieeinbuße nicht in anderer Weise ausgeglichen, so ergeben sich leicht unspezifische Beschwerden nach dem Muster des *Sick Building Syndrome.*

Frische Blumen und Pflanzen sind nicht nur attraktive Dekorationselemente und ein wohl tuendes, willkommenes Symbol für den Eintretenden, sondern als Qi-Auffrischer zugleich auch eine wichtige Unterstützung für die Vitalität des Mitarbeiters.

Wartebereiche

In der Hektik unserer Zeit könnten Wartezeiten für Besucher eigentlich zu willkommenen Entspannungs- und Reflexionspausen werden. Aber nur wer sich im Wartebereich wohl fühlt und psychisch wie energetisch gestärkt wird, kann aus der Wartezeit aufgebaut, motiviert und erfrischt hervorgehen. Bei vielen Verhandlungen hängen die angestrebten Win-Win-Ergebnisse davon ab, wie gut es gelingt, die psychische und energetische Stärke aller Beteiligten auf ihrem Weg zum Verhandlungstisch zu unterstützen.

Fröhliches Warten – farbenfrohe Gestaltung und Accessoires vermindern Ungeduld und Spannung.

Wartebereiche sollten nicht in einem *Energie-Durchzug* liegen; im anderen Fall dienen ein Paravent, ein Raumteiler oder eine Pflanzengruppe als Schutz.

Überprüfen Sie den Wartebereich auf angreifende Ecken und Kanten, die auf die Sitzpositionen zielen, und checken Sie, ob Ihnen die Beleuchtung wirklich angenehm erscheint. Niemand lässt sich gerne anstrahlen!

Vitalisieren Sie die Atmosphäre durch ein schönes Blumenarrangement, Pflanzen oder auch eine faszinierende, aufbauende Dekoration. In vielen Fällen hat Ihr Gesprächspartner bereits einen hektischen Tag und eine stressbetonte Autofahrt zu Ihrem Unternehmen hinter sich. Stärken Sie ihn auch durch gute Rückendeckung und geben Sie ihm Kontrolle über den Raum: Planen Sie die Sitzmöglichkeiten so, dass der Besucher den Eingangsbereich im Blick hat.

Stellen Sie stabile Sitzgelegenheiten zur Verfügung. Manche fragilen Gebilde rufen unbewusst Unsicherheit hervor. Stühle sollten im Allgemeinen über eine geschlossene Rückenlehne, Armlehnen sowie vier solide

Oben: Großzügiges Warten – die Hufeisenform der Sitzbank öffnet sich zum Kunden und zum Unternehmen. Damit wirkt sie für beide als Erfolg versprechendes Glückssymbol.

Rechts: Warten mit Wahl – die unterschiedlichen Farben der Sitzmöbel kommen unterschiedlichen energetischen Bedürfnissen entgegen und können intuitiv gewählt werden.

Unten: Elegantes Warten – bequeme Sessel und entspannte Atmosphäre vermitteln die Botschaft: Kunden und Besucher sind geschätzt und sollen sich wohl fühlen.

Beine verfügen. Möglicherweise hat eine solche feste Sitzgelegenheit kein Avantgarde-Design; in psychologischer Hinsicht bedeutet sie jedoch eine wesentliche Bedingung, um nicht psychische Energie für die unbewusste Suche nach Stabilität und Standhaftigkeit zu verlieren.

Und: niemand wartet gern! Verzichten Sie also darauf, Wartesituationen absichtlich zu inszenieren oder gar zu provozieren. Sind sie nicht eine seltene Ausnahme, so können sie (abgesehen von schlechter Organisation) auf mangelnde Ich-Stärke des Aufgesuchten deuten. Lassen sich Wartezeiten für Ihre Besucher nicht vermeiden, dann verwenden Sie Mühe darauf, die Zeit zu verkürzen. Wer wartenden Personen kein Kompetenzmaterial, Erläuterungen und kleine Erfrischungen zur Verfügung stellt, verschenkt Chancen. Bietet ein Unternehmen in den Wartezonen hingegen Zusatzleistungen für eine aufbauende und erfrischende Zeitnutzung an, dann zeigt es damit dem Besucher Respekt und Wertschätzung: Nährboden für gute Zusammenarbeit!

Meeting Points

Meeting Points befinden sich häufig in Konferenzzonen und dienen der Pausenbewirtung. Sie werden aber auch als selbstständige Kommunikationszonen für informelle Besprechungen genutzt.

Was lässt viele Meeting Points langweilig, unattraktiv und wenig aufbauend erscheinen? Die Antwort: Meist sind es ungenügendes Bemühen um die Atmosphäre sowie die einseitige Verwendung gerader, rechtwinkliger Linien und Formen. Gerade Meeting Points würden besonders von der Einrichtung eines *Qi-Sammelpunktes* profitieren. Das können mehrere Sitzgelegenheiten sein, die um ein Wasserspiel, eine Pflanzeninsel oder einen attraktiven, die Aufmerksamkeit fesselnden Gegenstand positioniert sind – „Where the attention goes energy flows".

Meeting Points mit Erfrischungsmöglichkeiten fördern entspannte Gespräche. Bei der Gestaltung sollte darauf geachtet werden, dass keine Kanten von Tresen oder Tischen auf eintretende Gesprächsteilnehmer zielen.

Bei jeder Einrichtung eines *Meeting Point* wird sich die Grundsatzfrage nach den wichtigsten Kriterien stellen. Es reicht aber heute nicht mehr, lediglich architektonische, technische und ästhetische Gesichtspunkte zu berücksichtigen. Tun Sie mehr als bisher! Lassen Sie Ihre Fantasie schweifen. Überlegen Sie: Wie lässt sich an einem Meeting Point eine „Piazza-Atmosphäre" erzeugen, ohne dass dabei der Arbeitscharakter verloren geht? Wie lassen sich Spiel und Ernst verbinden? Wie kann in unsere strenge, kompromisslose und strikte Bürowelt etwas mehr südländische Leichtigkeit einfließen? Damit würde das Auftanken in der Konferenzpause wirksamer und zugleich die kreative Grundstimmung für Besprechungen verstärkt.

Warten – Meeten – Konferieren: drei unkonventionell miteinander verbundene Bereiche. (Bürogebäude, USA, STUDIOS Architecture, San Francisco)

Konferenzräume Meeten und Konferieren unterscheiden sich in einer Hinsicht wenig: in vielen modernen Bürogebäuden sind die dafür bestimmten Räume zwar technisch ausgefeilt, bergen aber in raumpsychologischer Hinsicht mannigfaltige Schwachpunkte. Um optimale Arbeitsergebnisse zu erzielen, bedürfen Konferenzteilnehmer in solchen Fällen unnötigerweise eines erhöhten psychischen Einsatzes. Die Frage ist, ob sie konstant dazu in der Lage sind.

Eigentlich sollte bereits bei der Planung beispielsweise darauf geachtet werden, dass die Eingangstür zum Konferenzraum nicht gegenüber einer Fensterfront platziert wird. Lässt sich dies nicht vermeiden, sollte als Abhilfe eine attraktive Pflanzeninsel zur energetischen Blockade des Qi-Stromes vor dem Fenster eingeplant werden.

Der Konferenztisch wird am besten so positioniert, dass möglichst kein Teilnehmer in der Tür-Fenster-Linie sitzen muss. Wer präsentiert, soll-

Oben: In diesem Raum überwiegt der Einfluss des Elements Feuer: das Holz-Element der Wände nährt das Feuer-Element der Stühle. Heiße Sessel für hitzige Diskussionen? Der braune Konferenztisch (Erde-Element) nimmt überschüssige Energie auf.

Unten: Erde (beige) saugt Wasser (blau) auf. Die Intuition (Wasser-Element) hat es schwer gegenüber konservativen Strömungen (Erde-Element). Metall-Repräsentanten würden als dekorative Brückenelemente die Spannung auflösen.

te auf jeden Fall von seinem Platz aus Raum und Tür im Blick haben. Die technische Ausstattung muss so angepasst werden, dass der Vortragende nicht gezwungen ist, mit der Tür im Rücken oder auf seiner Seite zu sprechen. Sind Projektionswand oder Multimedia-Anlage fest in der Nähe der Tür positioniert, so wird dem Vortragenden unnötigerweise Energie genommen, da sein Unbewusstes die offene Flanke beziehungsweise den verletzlichen Rücken schützt. Aufgrund dieses größeren Energieaufwandes wird er sich am Ende eines Konferenztages abgespannter fühlen als in einem Raum, der ihm bei der Präsentation eine *Commanding Position* ermöglicht, mit ausreichendem Rückenschutz und der Tür im Blick.

In Bezug auf die Form des Konferenztisches gilt: Runde oder ovale Tische fördern gelassene, ruhige, weit gefächerte Diskussionen und eine partnerschaftliche Zusammenarbeit. Eckige Tische unterstützen Brain Storming, rasches Prüfen und Fokussieren von Alternativen sowie energisches, zielstrebiges Entscheiden.

Bei der Positionierung von Einrichtungsgegenständen und – je nach Gestaltung – beim Anbringen von Telefonablagen muss sichergestellt werden, dass von den Winkelkanten keine „angreifenden Pfeile“ direkt auf Sitzpositionen zielen.

Wird der Raum zugleich als Video-Konferenzzimmer genutzt, dann ist Folgendes zu berücksichtigen: Die Teilnehmer sollten die Position der Stärke mit Blick auf die Tür einnehmen können. Sie müssen folglich anders sitzen, als wenn eine Konferenz stattfindet, bei der der Vortragende auf die Tür blickt. Es ist daher ratsam, an zwei Seiten des Konferenzraumes Projektions- und Videowand zu installieren. Bei einer normalen Konferenz benutzt der Vortragende – falls erforderlich – die Projektionsfläche gegenüber der Tür. Im Rahmen einer Videokonferenz wird dagegen die Projektionswand auf der Türseite benutzt. Im Übrigen ist es sinnvoll zu prüfen, ob angesichts der zu erwartenden Zunahme von Videokonferenzen nicht besser ein eigener Raum dafür eingerichtet werden sollte.

Vermeiden Sie bei der Farbwahl des Konferenzraumes großflächige Elementenkonflikte, da andernfalls unbehagliche Spannung provoziert wird. Stehen mehrere Konferenzräume zur Verfügung, so empfiehlt sich eine farbliche Differenzierung. Hierbei kann wiederum das *Fünf-Elemente-System* berücksichtigt werden, nach dem die einzelnen Elemente spezifische geistige Tätigkeiten besonders unterstützen.

Ein Konferenzraum mit Repräsentanten des Elements Holz (Pflanzen, grüne Farben, schlanke Säulen-Formen) wirkt unterstützend für Gespräche, Verhandlungen oder Präsentationen, bei denen es im weitesten

Oben: Ein ovaler Tisch fördert den Konsens. Jedoch wird die links sitzende Partei die Runde bestimmen. Warum? Die Teilnehmer auf der rechten Seite sind im Rücken ungeschützt und verlieren dadurch nach und nach Energie, zu Lasten ihrer Konzentration und Kreativität.

Rechts: Die ausgewogene Beleuchtung dieses Konferenzraumes hilft ein raumpsychologisches Problem zumindest abzuschwächen: einseitige Verwendung gerader Linien und rechter Winkel ohne eine Dekoration, ein Symbol des Lebens, eine Spur ausgleichender Weichheit.

Der Tagungsraum eines Hotels: Nehmen Sie Einfluss auf die raumpsychologischen Voraussetzungen für eine gelungene Tagung! Achten Sie rechtzeitig darauf, dass der Vortragende Raum und Eingangstür im Blick und dadurch unter Kontrolle hat. Scheuen Sie sich nicht, gegebenenfalls die Sitz- und Geräteanordnung verändern zu lassen. Und vermeiden Sie – wenn möglich – die Dominanz einer Farbe.

Sinn um kreative und schöpferische Themen geht. Räume mit Feuer-Repräsentanten (orange und rote Farbtöne, spitze und Dreiecksformen) werden aufgrund ihrer energetisierenden Wirkung am besten für Marketingthemen ausgewählt.

Erde-Repräsentanten (wie braunes Parkett, beige oder braune Einrichtung und Kubusformen) unterstützen dagegen realitätsbezogene Themenkreise, bei denen vor allem Vernunft und Diplomatie erforderlich sind. Ein Konferenzraum mit vielen Metall-Repräsentanten (Metallfarben, blitzende Geräte oder Gebrauchsgegenstände aus Metall, gewölbte Formen) eignet sich gut für Themen im Zusammenhang mit Finanzen und Controlling.

In Räumen mit Wasser-Repräsentanten – blauen Farbtönen, welligen Formen oder einer Vielzahl unterschiedlicher Formen – können am besten intellektuell anspruchsvolle Gespräche geführt oder Fragen besprochen werden, bei denen es besonders um intuitives Erfassen der Sachverhalte geht.

Bei Büroberatungen muss zudem auf die Harmonie von Gebäude und Sektor, die Zeitqualität und auch die Qualität der Himmelsrichtung, in deren Sektor der Raum liegt, geachtet werden. So wäre es beispielsweise – abgesehen von Ausnahmen – ungünstig, im Nordbereich (= Wasser) überwiegend rötliche Farbtöne zu verwenden, oder im Südbereich (= Feuer) ein Wasserspiel aufzustellen.

Auch die Beleuchtung von Konferenzräumen spielt eine wichtige Rolle, zumal sie oft im Inneren des Gebäudes liegen und über kein Tageslicht verfügen. Zu helle oder dunkle, aber auch völlig einförmige Beleuchtung ist ungeeignet. Deckenspots genau über den Sitzpositionen der Teilnehmer stören erheblich deren Konzentration und Arbeitsfreude. Deckenspots über Flip Charts oder Projektionsflächen beeinträchtigen zudem die Sichtbarkeit der Präsentation.

Während die Arbeitsfläche gleichmäßig und hell ausgeleuchtet sein muss, kann die Leuchtdichte in den Randbereichen des Konferenzraumes ruhig geringer sein. Auf diese Weise wird dem notwendigen Yang-Aspekt der hellen Mittelbeleuchtung ein ausgleichender Yin-Aspekt gegenübergestellt. Die Gefahr eines letztlich ermüdenden Yang-Übergewichts besteht dann, wenn der Konferenzraum ausschließlich gerade Linien und Formen aufweist, in sehr hellen Farben eingerichtet ist und über große Fensterfronten oder gleißende Lichtquellen verfügt. Ein Ausgleich kann beispielsweise durch Vorhänge, Stoffrollos oder Jalousien, Dekorationen mit weichen, fließenden Formen oder Pflanzen erzielt werden.

Eine gelungene Bereicherung des Konferenzraumes durch geschmackvolle und hochwertige Einrichtungselemente aus dem Bereich des Wohnens.

Ein Tipp: Suchen Sie sich beim Betreten jedes Sitzungs- und Konferenzraumes mit schnellem Blick die günstigste Sitzposition aus. Prüfen Sie zuerst den vermutlichen Qi-Fluss. Oft kommen kurz nacheinander mehrere Menschen in eine Konferenz. Entsprechend intensiv ist die einströmende Energie, die durchweg zunächst geradeaus bis zur gegenüberliegenden Wand fließt und sich erst dann nach und nach verlangsamt und verteilt. Nehmen Sie einen kleinen Kompass mit (zum Beispiel als Schlüsselanhänger) und prüfen Sie kurz, ob Sie in eine Ihrer günstigen Richtungen blicken können (siehe auch Kapitel 5, S. 122).

Verkehrswege, Korridore, Treppen Es ist schwierig, die in modernen Bürogebäuden verlangte Sicherheit und Wirtschaftlichkeit – insbesondere im Hinblick auf Fluchtwege und deren effiziente Nutzung – in Übereinstimmung mit Empfehlungen der Raumpsychologie zu bringen! Die üblichen langen, unverstellten Korridore verwandeln sich, wie bereits gesagt, in „Qi-Autobahnen", denen sich besser niemand lange aussetzt. Zudem werden die Büros links und rechts dieser Autobahnen mit zu wenig Qi versorgt. Trifft der *Qi-Pfeil* mit geballter Wucht auf eine Tür mit einer genau dahinter liegenden Arbeitsposition, so wird diese zum typischen „Schleudersitz": hier knickt manche Karriere! Kaum jemand kann in dieser Position auf die Dauer erfolgreich arbeiten; zu viel psychische Energie geht für die unterschiedlichsten Selbstschutzmechanismen verloren.

Wer durch diese Tür hereinkommt, läuft unbemerkt in eine Falle: die spitze Bodenmarkierung wirkt wie ein Pfeil, der eine momentane energetische Schwächung hervorruft.

In einem derartigen Korridor könnte der Qi-Strom besänftigt werden, indem rechts und links jeweils versetzt zueinander kleine, halbrunde Tische aufgestellt werden. Sie können für Pflanzenarrangements, Werbegegenstände, Unternehmens- und Zielsymbole genutzt werden und bieten gleichzeitig eine gute Möglichkeiten für eine Qi-Auffrischung. Überhaupt sollte jeder längere Korridor über eine zusätzliche Qi-Auffrischung verfügen, sofern dies räumlich möglich ist.[28]

Ist eine solche Gestaltung aus funktionalen Gründen oder aufgrund von Brandschutzbestimmungen nicht möglich, dann kann ein ähnlicher Effekt durch versetzt angebrachte Wandleuchten erzielt werden. Andere Möglichkeiten: rechts und links versetzt angebrachte halbrunde Bodenmarkierungen, geschwungene Bodenmarkierungen in Längsrichtung, geschwungene oder quer angebrachte Lichtleisten an der Decke (die letzte Lösung eignet sich allerdings nicht für Eingangsbereiche, da sie dort den Qi-Strom blockiert oder zumindest bremst und außerdem die abwehrende Botschaft verschränkter Arme übermittelt). In Längsrichtung gerade verlaufende Lichtleisten sollten natürlich in Korridoren und Verkehrswegen vermieden werden, weil sie den angreifenden *Qi-Pfeil* beschleunigen: die Rennstrecke wird noch rasanter.

Bei einem L-förmigen Korridor kann es durchaus sinnvoll sein, in der Ecke zwischen den beiden Achsen einen Spiegel so aufzuhängen, dass die Vitalenergie in den nächsten Korridorbereich hineinreflektiert wird.

Treppen sind generell Qi-Bahnen, also Energiebeförderer. Dies gilt allerdings nur dann, wenn hinter den Stufen Setzstufen vorhanden sind, so dass die Treppe nicht durchlässig ist. Obwohl es architektonisch reizvoll sein kann, grazile und luftige Treppenkonstruktionen zu verwenden, haben sie Nachteile. Einerseits führen sie nicht das Qi nach oben, andererseits

Rechts oben: Geschwungene Wandformen besänftigen den Strom der Energie. Eine ähnliche Wirkung kann auch durch versetzt angebrachte Lichtleisten oder durch Bodenmarkierungen erzeugt werden. Beide Maßnahmen eignen sich auch gut für frei zu haltende Fluchtwege.

Links unten: Der typische lange Flur mit einander gegenüberliegenden Türen auf beiden Seiten. In diesem Beispiel wird der zunehmende schnelle Qi-Fluss durch Pflanzen verlangsamt, während versetzte Wanddekorationen die Aufmerksamkeit an sich ziehen und Abwechslung bringen.

Rechts unten: Der gerade Verlauf des Flures wird durch die beiden Reihen der Beleuchtungskörper betont. Der Qi-Fluss wird dadurch noch beschleunigt.

Quer laufende Lichtleisten „bremsen“ den immer schnelleren Qi-Strom. Sie sollten allerdings nicht vorne in Eingangsbereichen eingesetzt werden, da sie unbewusst an abweisend verschränkte Arme erinnern.

erzeugen sie oft unbewusste Gefühle der Unsicherheit. Es klingt konventionell, aber trotzdem sind feste, solide Treppen in psychologischer und energetischer Hinsicht gegenüber filigranen Stahl- und Glaskonstruktionen vorzuziehen. Übrigens scheuen sich auch Hunde vor Treppen, die Unsicherheit hervorrufen. Fällt Ihnen dies auf, so wissen Sie: eine solche Treppe ruft auch beim Menschen eine psychische Schwächung hervor.

Müssen nur geringe Höhenunterschiede überwunden werden, so bieten sich in jedem Fall auch Rampen an. Sie ermöglichen gegenüber Treppen einen harmonischeren Qi-Fluss, da sie keine kantigen, leicht abwehrenden Stufen haben. In größeren Räumen können geschwungene Rampen ein hervorragendes Mittel zur Erzeugung eines sanft mäandernden Qi-Stromes sein. Und schließlich sollten abwärts führende Treppen auf keinen Fall direkt gegenüber dem Haupteingang des Büros oder in den Etagen gegenüber einer Bürotür positioniert sein. Dies würde zu einem ständigen Abfließen und Entweichen der Vitalenergie führen und auf die Dauer den möglichen Geschäftserfolg erheblich verringern.

Lifte und ihre Probleme Auch Lifte sind Qi-Beförderer. Haben Sie sich aber darin schon einmal wirklich wohl gefühlt? Leider sind sie meistens entweder monoton, kalt und unangenehm dunkel oder derart grell, dass man sich durchleuchtet vorkommt. Viele Menschen fühlen sich in einem Lift befangen oder sogar beängstigend eingeengt.

Fahrten mit dem Lift sind energetisch und psychologisch nur selten ein aufbauendes Erlebnis.

Hinzu kommt, dass Ihr Territorium in einem vollbesetzten Lift noch weit intensiver bedroht erscheint als in einem öffentlichen Verkehrsmittel. Und nicht nur Bakterien werden aufgrund der Enge leicht übertragen; auch niedergedrückte, depressive Gefühle anderer Menschen können infizierende Wirkung nach sich ziehen. Lifte haben daher ihre eigene Problematik. Selbst wenn Sie nur kurz mit dem Lift fahren, können Sie unter solchen Umständen energetisch und psychisch geschwächt werden. Im Anschluss benötigen Sie einige Zeit, um zur vorherigen geistigen Leistungsfähigkeit zurückzukehren.

Oft ist vor allem die Beleuchtung ungünstig. Beispielsweise führen Deckenleuchtkörper – vor allem Leuchtstoffröhren – zu einem „Totenkopf-Effekt“. Günstiger wäre eine indirekte, gegen die Liftwände gerichtete Beleuchtung oder die Installation geeigneter Leuchtmittel hinter transluzentem Glas.

Um Liften den klaustrophobischen Charakter zu nehmen, können sie auf einer Seite Spiegel haben (einander auf engem Raum gegenüber liegende Spiegel würden hin- und herschießende *Qi-Pfeile* erzeugen). Außerdem sollte für aufbauende Abwechslung gesorgt werden, beispielsweise durch leise Musik, Angebotstafeln, Informationen über Unternehmensziele. Aber auch hier gilt: Wenig ist mehr! Vielleicht reicht bereits der täglich wechselnde Sinnspruch des Kalenders, um von dem Eindringen eines fremden Menschen in das eigene Territorium abzulenken und die unbewusste Abwehr dagegen auszugleichen.

Sanitärräume Toiletten gelten unbewusst als verrufener Ort. Sie sind Niemandsland und Domäne des Reinigungspersonals. Nichts spricht aber dagegen, auch Sanitärräume angenehm und aufbauend einzurichten und ihnen durch kleine Accessoires und sinnvolle Dekorationen die Atmosphäre der Sterilität zu nehmen.

Allerdings sind Toiletten – gleich wie sauber und gepflegt sie gehalten werden – immer Ausgangspunkt einer Qi-Kontamination. Daher gelten drei Regeln: Alle Türen im Sanitärbereich (sowie, außer zur Benutzung, die

WC-Deckel) sollten immer geschlossen sein. An der Innenseite der ersten Toilettentür sollte ein türhoher Spiegel angebracht werden, um verschmutztes Qi im Toilettenraum zu halten. Bei der Planung sollte beachtet werden, dass sich Toiletten nicht genau neben dem Eingang des gesamten Gebäudes oder direkt neben individuellen Büros befinden.

Sozialräume

Die kurzsichtige Auffassung, angenehme Sozialräume seien zu verführerisch, wird glücklicherweise kaum noch vertreten. Allerdings kann sich in der Praxis durchaus das Problem ergeben, dass ein Mitarbeiter unbewusst ungern an seinen Arbeitsplatz zurückkehrt, da dieser energetisch und psychisch wenig aufbauend ist. Kein Wunder, dass die Botschaft des Unbewussten dann lautet: „Geh nicht zurück; hier hast du mehr Energie!"

Oben: Office Lunch Room: Farben, Materialien und Geschirr sind nicht dem Zufall überlassen, sondern bewusst aufeinander abgestimmt. Damit verstärken sich Qualität und Wert der Regeneration in der Mittagspause.

Rechte Seite: Geschwungene Formen, gute Beleuchtung, ruhig fließendes Wasser, Pflanzen – Gestaltungselemente für eine Kantine mit entspannender, auffrischender und inspirierender Atmosphäre.

Dessen ungeachtet sollten Sozialräume einladend und aufbauend gestaltet werden. Dies ist so wichtig für eine kurze Energiepause der Mitarbeiter, ein Auftanken, sowie für zwanglosen Austausch und Kommunikation! Manche modernen Unternehmen richten zu diesem Zweck Espresso-Bars ein, die kommunikationsbelebend wirken und zugleich technisch und ökonomisch sinnvollere Lösungen bieten als Teeküchen. Oft finden wir jedoch Räume mit der sterilen Kunststoffatmosphäre früherer Jahrzehnte, in die sich als einzige Zierde ein verkümmerter Kaktus und der Aschenbecher der nächstgelegenen Kreissparkasse verirrt haben.

Zwanglose, erfrischende und aufbauende Kommunikations- und Erholungsbereiche geben die deutliche Botschaft: „Alle Mitarbeiter sind uns wichtig!" Tische und andere Einrichtungsgegenstände können sehr gut in unterschiedlichen Größen und Farben gewählt werden, um es den Mitarbeitern zu ermöglichen, sich ihren individuellen Wunschplatz und ihre persönliche Farbstärkung auszusuchen. Halbhohe Abtrennungen mit Pflanzen lenken das Qi und frischen es auf und bilden gleichzeitig einen Rückenschutz. Bei wandgerichteten Sitzplätzen können Spiegel an den Wänden einen beruhigenden Überblick über den Raum ermöglichen; sie lassen ihn außerdem größer erscheinen. Leider ist es noch keineswegs selbstverständlich, dass ebenso konsequent wie im eigenen Heim auf ausreichende Belüftung geachtet wird, und zwar sowohl in Bezug auf Küchen- oder Cateringgerüche wie auch auf die Raucher-Nichtraucher-Abgrenzung. Und es gibt immer noch Unternehmen, deren Sozialräume keine wirklich funktionierende Trennung von Raucher- und Nichtraucherbereichen haben.

Trompe-l'œil-Malerei oder andere großflächige, ansprechende Dekorationen sind eine unverzichtbare Hilfe, um unattraktive Räume (vor allem Räume, die im Souterrain liegen oder fensterlos sind) durch eine überraschende perspektivische Dimension zu bereichern.

Eine Investition in jahreszeitengerechte Dekorationen kann sehr zur Atmosphäre beitragen. Oft eignet sich auch Trompe-l'œil-Malerei (illusionäre Wandmalerei) dazu, Weite und Entspannung oder auch den fehlenden Blick ins Grüne zu suggerieren. Umso besser, wenn der Sozialraum Zugang zur Natur hat; warum nicht die Möglichkeit nutzen, durch entsprechende Bepflanzung oder vielleicht sogar einen kleinen Teich eine Oase der Erholung zu gestalten? Warum nicht eine Vitamingetränke-Bar einrichten? Entsprechende Investitionen zahlen sich aus. Denken Sie an die Prämisse der Raumpsychologie: so viele günstige Faktoren im engen Beziehungsgeflecht zwischen Raum und Mensch wie möglich herausfinden und nutzen. Aufgebaute, gestärkte Mitarbeiter stehen dabei an der Spitze der Liste!

Regenerationsraum Der wichtigste (und in Zukunft vielleicht gar nicht mehr außergewöhnliche) Schritt dazu könnte die Einrichtung eines Regenerationsraumes sein, der eine kurze Rückzugsmöglichkeit in die Stille gewährt. Mehrere lauschige Plätze an einem leise plätschernden Brunnen oder an einem kleinen Wasserbecken – ganz schlicht: ein flaches Bassin mit geschwungenem Rand, in dem Wasser über Kieselsteine läuft, wie am Ufer eines Sees. Für kurze Zeit mit dem Blick dem Fluss des Wassers folgen, die Gedanken vorübergehend ruhen lassen, Ermüdung der Augen und Verkrampfung des Körpers ablegen, um fit für den nächsten Arbeitsschritt zu werden: diese Möglichkeit lässt sich mit relativ einfachen Mitteln schaffen. Wie wäre es mit einem Ideenwettbewerb dazu?

Der Aufwand lohnt sich, gleich, ob das ruhige, spielerische Innehalten mit Hilfe von aufwändigen Entspannungsliegen erfolgt oder mit der einfachen Hinwendung zu Wasser, Steinen und einigen Pflanzen. Die erfolgreiche Realisierung solcher Ideen wird jedoch gefährdet, wenn nicht das notwendige Maß an Herzenswärme und Hingabe für die Gestaltung aufgebracht wird. Dies sind Yin-Eigenschaften – und nicht viele Menschen haben derzeit Sinn dafür.

Dennoch wird auch hier ein Wandel eintreten. Denken Sie an das alte taoistische Yin-Yang-Symbol und seine Bedeutung für die heutige Zeit: im gleichen Maß, in dem technologisch aufwändige, teure und daher zu erfolgreichen Arbeitsergebnissen und geringen Aufwandsgrößen gezwungene Büros gebaut und gestaltet werden, wächst auch der Einfluss des Gegenpols. Seine Beachtung, die Realisierung eines sinnvollen Maßes an Ausgleich und Entspannung im Arbeitsalltag könnte zur Messlatte werden für den Vorsatz, menschenfreundliche Arbeitsplätze zu gestalten. So werden Gebäude, die im Außen wie im Innen Persönlichkeit und Funktionalität, Atmosphäre und Technik, aufbauende Botschaften und Erfolgswillen ausdrücken, zum Spiegel von Unternehmen, die bereit sind für die Zukunft.

Ein Zen-Garten – Sinnbild für das Sammeln neuer Kräfte durch Konvergenz von Leere und Fülle, Innen und Außen.

Der Arbeitsplatz – Position der Stärke?

Beste Nutzung Ihrer Zeit und Ihres Potenzials, Selbstbewusstsein, entschlossene Entscheidungen, vorausschauende Strategieplanung und kreative Spitzenleistungen – diese Ziele können Sie schneller erreichen, wenn Sie die Position der Stärke einnehmen (siehe auch Kapitel 3, S. 78)! Ein wichtiger Mosaikstein hierfür ist die Optimierung Ihres Arbeitsplatzes und seiner Umgebung. Sie selbst können dazu erheblich beitragen. Überlegen Sie: Obwohl viele Menschen weniger Zeit in ihrem Zuhause verbringen als an ihrem Arbeitsplatz, machen sie sich um dessen ansprechende Einrichtung nur wenige oder gar keine Gedanken. Es lohnt sich, dies zu ändern, um möglichst viel Energie zu erhalten und unnötige Stressoren auszuschalten.

Der Schreibtisch

Im Leben vieler Menschen ist der Schreibtisch nach dem Bett das zweitwichtigste Möbelstück. Im Feng Shui heißt es: Sehen Sie Ihren Schreibtisch wie Ihr Allerheiligstes an! Suchen Sie ihn entsprechend sorgfältig aus, richten Sie ihn umsichtig ein und behandeln Sie ihn gut.

Es sollte Ihnen daher nicht gleichgültig sein, aus welchem Material Ihr Schreibtisch besteht oder welche Farbe er hat. Schreibtischplatten sind am besten aus einem undurchsichtigen Material gefertigt. Glasplatten sind als Arbeitsoberflächen nicht zu empfehlen, da sie unbewusst leicht zur Verunsicherung führen. Außerdem fällt im übertragenen Sinne die Arbeit durch die Platte hindurch: Glasplatten „halten kein Wasser (= Energie)", sie bilden keine solide Grundlage für ein Projekt. Hinzu kommt, dass der Blick nicht konzentriert auf dem zu arbeitenden Projekt ruhen kann, sondern auf den Boden fällt und vielleicht sogar laufend durch Struktur und Farbe des Bodens, die eigenen Schuhe oder die Beine des Gegenübers abgelenkt wird.

Ist das Material Holz, die Farbe jedoch Beige oder Hell- bis Dunkelbraun, dann ist Ihr Schreibtisch ein materieller Repräsentant des Elements Erde. Als Erde-Repräsentant steht er nun entweder in Harmonie oder im Konflikt zu Ihren eigenen Elementen. Hierdurch kann sich eine energetische Unterstützung Ihrer Tätigkeit oder aber ein laufendes Handikap ergeben.

Die Ecken Ihres Schreibtisches sollten abgerundet sein. Obwohl wir nicht für eine runde Welt plädieren, lassen sich so am ehesten angreifende Pfeile vermeiden, die auf Sitz- und Verweilpositionen im Raum zielen oder eintretende Personen angreifen. Ist eine Abrundung nicht möglich, so prüfen Sie, in welche Richtung die Ecken Ihres Schreibtisches zielen und

Abgerundete Formen finden zunehmend Verwendung in der Büroeinrichtung. Auch bei Schreibtischen sollte bewusst darauf geachtet werden, „klassische“ Entwürfe gegenüber unausgewogenen und übertrieben ausgefallenen Formen vorzuziehen.

drehen Sie ihn eventuell geringfügig. Sind – wie bei manchen modernen Schreibtischen – Arbeitsfläche und Besprechungsbereich miteinander verbunden, aber auf unterschiedlichen Höhen angelegt, so ergibt sich oft eine angreifende Ecke des Arbeitsbereiches. Vermeiden Sie es, genau davor zu sitzen! Und: setzen Sie auch nicht Ihren Gesprächspartner vor eine solche Ecke. Er würde sich an diesem Platz unwohl fühlen, in unbewusste Abwehrhaltung gehen und sich eher Ihren Argumenten gegenüber verschließen. Die Arbeitsatmosphäre kann bereits dadurch entspannt werden, dass Sie derartige scheinbare Kleinigkeiten berücksichtigen.

Achten Sie aber auch selbst darauf, dass Sie nicht in der 45°-„Ziellinie“ spitzer Kanten von einspringenden Ecken, Stützpfeilern oder Büromöbeln (z. B. Sideboards) sitzen. In diesem Fall sollten Sie entweder Ihre Sitzposition verändern und so dem angreifenden Winkel ausweichen oder ihn durch eine Pflanze beziehungsweise einen schlanken, hohen Gegenstand kaschieren.

Positionieren Sie Ihren Schreibtisch niemals unter einem tragenden Balken! Dies gilt besonders für die unteren Stockwerke eines Gebäudes. Im übertragenen Sinn lasten sonst alle tragenden Strukturen darüber auf Ihrem Kopf und Ihren Schultern. Leistungsfähigkeit und Arbeitsqualität würden dadurch auf die Dauer immer mehr unter Druck geraten.

Zellenbüros haben ihre eigene Problematik: Qi-Durchzug (Tür-Fenster-Linie), offene Flanke des Arbeitenden, geringe Perspektive, Bücherborde als „Berge“ vor der Stirn. Abhilfe kann hier nur teilweise durch eine Pflanze am Fenster, Versetzen der Bücherborde und Verwendung eines den Erfolg oder Ihr Ziel symbolisierenden Bildmotives geschaffen werden.

Optimal ist es, wenn alle drei Maße des Schreibtisches (also Länge, Breite und Höhe) in Übereinstimmung mit den günstigen Feng Shui-Maßen stehen (siehe Kapitel 1, S. 48). Allerdings hält bereits die hiesige Normhöhe der Tische von 72 cm das Feng Shui-Maß nicht ein. Einige Autoren empfehlen dann, den Arbeitsstuhl auf ein kleines Podest zu stellen. Sie können darüber schmunzeln; es wäre jedoch ein interessantes Experiment, die Wirkung dieser „Erhöhung“ auf das eigene Selbstwertgefühl und auf die Umgebung zu überprüfen. Haben Sie lange Beine und einen höhenverstellbaren Schreibtisch, so testen Sie die Einstellung der „günstigen“ 81 cm. In der Praxis ist jedoch die ergonomisch korrekte Höhe des Schreibtisches wichtiger als deren günstiges Feng Shui-Maß.

Moderne Zellenbüros werden oft mit beinfreien Schreibtischen bestückt, die an den Trennwänden befestigt sind. Obwohl dies die Räume transparenter und leichter macht, haben derartige Konstruktionen einen Nebeneffekt: ein Tisch ohne Beine vermittelt dem Unbewussten die Botschaft des „In-der-Luft-Hängens“, des „Nicht-geerdet-Seins“. Alle Ideen werden zwar im luftigen Himmel der Inspiration geboren, sie müssen aber „auf die Erde gebracht“ und dort umgesetzt werden. Ein Schreibtisch mit sichtbaren und stabilen Stützen vermittelt der Psyche am besten die dazu notwendige Grundlage von Realität, Festigkeit und Widerstandsfähigkeit.

Ein leichter und dennoch stabil anmutender Arbeitstisch, abgerundete Kanten an Sideboard und Rollcontainer, ein mobiler PC-Tisch. Wenn der Computer nicht benutzt wird, kann er an die Seite geschoben werden, sodass die Perspektive frei ist.

Auch wenn Sie von futuristischem Bürodesign beeindruckt sind, sollten Sie vor einer Kaufentscheidung die unterschwellige Botschaft Ihres Schreibtisches bedenken, die künftig permanent, tagein und tagaus, auf Ihre Psyche einwirken wird. Unsere Einrichtungsgegenstände können auch als „Medien der Eigenprogrammierung“ betrachtet werden. Entscheiden Sie deshalb sehr bewusst, wie Sie sich „programmieren“ lassen wollen! Sind Ihre Arbeitsergebnisse realistischer und fruchtbarer, wenn sie auf fragilen, bizarren Tischbeinchen oder „Spinnenbeinen“ entstanden sind?

Dies gilt auch für die Form des Schreibtisches. Stark asymmetrische Formen können potenziell das Gefühl der „Schieflage“ und Orientierungslosigkeit fördern. Asymmetrische Schreibtischplatten erschweren außerdem die *Bagua-Aktivierung* (siehe Kapitel 1, S. 50 und S. 134 in diesem Kapitel). Ist die Schreibtischplatte unregelmäßig, so fehlen dem *Bagua* zudem entsprechende Bereiche. Nach unserer Beobachtung haben Schreibtische von Entscheidern erstaunlich oft ähnliche „Fehlbereiche“ wie das Gebäude des von ihnen geleiteten Unternehmens – eine Beeinträchtigung für erfolgreiches unternehmerisches Handeln in dem entsprechenden Geschäftssektor. Verfügt ein Gebäude über eine unregelmäßige Form, so ist die *Bagua-Aktivierung* des fehlenden Bereiches im Chefbüro oder gegebenenfalls auf der Schreibtischoberfläche ein hilfreicher Ausgleich, sofern diese rechteckig geformt ist. In manchen Fällen kann jedoch auch ein etwas unregelmäßiger Schreibtisch für die Aktivierung eingesetzt werden: eine maßgefertigte rechteckige Arbeitsunterlage oder die farbige Markierung eines entsprechend großen rechteckigen Arbeitsbereiches können den visuellen Eindruck einer regelmäßigen Form erzeugen. Die Eckbereiche dieser Fläche lassen sich dann für die Aktivierung einsetzen.

Schreibtischstühle verbreiten wie alle anderen Möbel stärkende oder schwächende Botschaften an das Unbewusste. Sie sollten daher nicht nur ergonomisch einwandfrei sein, sondern auch den Eindruck von Stabilität machen und über einen geschlossenen Rücken verfügen. Eine hohe Rückenlehne des Chefsessels sowie Armlehnen verstärken das unbewusste Empfinden von Sicherheit und damit das Selbstbewusstsein. Freischwinger sind als Arbeitsstühle wenig geeignet.

Ihre Sitzposition sollte Ihnen Schutz gegen Gefahren von hinten bieten. Außerdem müssen Sie die Raummitte und die Eingangstür im Blickfeld haben. Ist dies nicht möglich, dann können Sie sich folgendermaßen behelfen: Hängen oder stellen Sie einen Spiegel so auf, dass Sie von Ihrem Schreibtisch aus zumindest einen Teil des hinter Ihnen liegenden Raumes überblicken und Ihre Bürotür sehen können. Ein derartiges Hilfsmittel wird aber am besten nur vorübergehend verwendet.

In aller Regel sollte ein Schreibtisch nicht zum Fenster zeigen. Mag die Aussicht nach draußen noch so verlockend sein: wollen Sie Erfolg im Beruf haben, dann sollte Ihr Fokus nach innen, zum Unternehmen und zu Ihrer Aufgabe gerichtet sein. Den schönen Blick nach draußen sollten Sie nur gezielt im Rahmen einer Energiepause nutzen. Stehen Sie ab und zu auf, gehen Sie zum Fenster, recken und strecken Sie sich, entspannen Sie sich bewusst und schöpfen Sie so neue Kraft.

Das Backing Gleich, was Sie tun oder wo Sie sich befinden: Sie brauchen einen Rückenschutz! Dieses so genannte *Backing* ist durch seine Symbolwirkung äußerst wichtig. Verfügen Sie über Schutz nach hinten, so erhält Ihr Unbewusstes laufend die Botschaft: „Ich werde unterstützt!"

Nun gilt Folgendes: Sitzen Sie vor einer festen Wand, so erhalten Sie die Unterstützung Ihrer Mitarbeiter. Befindet sich die Wand hinter Ihnen parallel zur Rückwand des Gebäudes, so werden Sie von beiden geschützt („Double Backing"): Im übertragenen Sinne erhalten Sie dadurch auch die Unterstützung des gesamten Unternehmens. Außerdem gibt es noch ein „Triple Backing": Wenn das Gebäude auf der Rückseite entweder an ein anderes (mindestens gleich hohes oder besser geringfügig höheres) Gebäude angelehnt ist, oder wenn dahinter beispielsweise eine feste Mauer oder eine Baumgruppe steht, so erhält es Unterstützung von der gesamten Gemein-

Ein Fenster im Rücken ist nicht ideal. Hier hilft jedoch das Unternehmen selbst: die gerahmte Titelseite ihres Magazins stärkt der Chefredakteurin Liz Tilberis von *Harper's Bazaar* den Rücken – eine gute Abhilfe für diese häufig problematische Arbeitsplatzgestaltung.

Der bekannte Designer Peter Schmidt vor dem heiligen Berg Fujijama – ein optimal stärkender Rückenschutz.

schaft, der Stadt oder Kommune. Vielleicht lächeln Sie darüber; aber der unbewusst wirkende Einfluss von Kraftfeldern, die positive Informationen tragen, kann kaum überschätzt werden!

Vielleicht stellen Sie aber auch fest, dass hinter Ihrem Rücken eine feste Wand fehlt. Als provisorischen Ausgleich können Sie in diesem Fall einen Raumteiler, einen schlichten Paravent oder eine Stellwand einsetzen. Werden hierbei die angegebenen Feng Shui-Maße eingehalten, dann gewinnen Sie einen weiteren Mosaikstein für die Position der Stärke.

Regalborde werfen „schneidende Messer", wie es im Feng Shui heißt. Dies gilt umso mehr, wenn sie sehr schmal geschnitten sind und nur einige dekorative Gegenstände enthalten. Bestücken Sie derartige Borde mit Büchern, die entsprechend ihrer Höhe geordnet sind und bündig mit der vorderen Bordkante abschließen.

Unmittelbar vor einem Bürofenster zu sitzen – noch dazu in den oberen Stockwerken eines Gebäudes – heißt unbewusst ständig Energie für den Rückenschutz aufzuwenden. Lassen Sie genügend Abstand und bauen Sie sich zudem ein symbolisches Backing auf.

Wand oder Trennwand erfüllen ihre stärkende Aufgabe noch besser, wenn sie zusätzlich über eine Dekoration verfügen, die Kraft und Unterstützung symbolisiert. Die Motive können völlig Ihrem Geschmack angepasst sein und individuell gewählt werden. Es kann sich um ein Gemälde, ein Rollbild (ein hohes, schmales Bild aus China oder Japan, oft mit herrlichen, auf das Wichtigste reduzierten Landschaftsanblicken), ein großes Foto oder Poster handeln, das beispielsweise einen Berg oder eine hügelige Landschaft darstellt. Hängen Sie aber nicht ein Bild von einem See oder einer Segelszene auf; dies würde Ihren Rückenschutz „aufweichen"! Eine Abbildung des Firmengebäudes beziehungsweise der Konzernzentrale ließe sich dagegen gut einsetzen. Oft wird ein Porträt des Firmengründers oder, in staatlichen Einrichtungen, ein Bild des Staatspräsidenten oder das Staatswappen selbst verwendet. Diese „Dekoration" macht Sinn, weil sie dem betreffenden Amtsinhaber den Rücken stärkt und zusätzliche Unterstützung und Autorität verleiht.

Immer wieder erleben wir in den Büros von Klienten zu Beginn einer Beratung das genaue Gegenteil eines aufbauenden Rückenschutzes: offene Regale in unmittelbarer Rückennähe, an deren Kanten sich schneidende Qi-Messer bilden, die den Arbeitenden in seiner Konzentration stören; oder eine Vielzahl ungeordneter Bücher und Aktenordner, die im übertragenen Sinne ein Gebirge mit irritierenden Qi-Turbulenzen darstellen. Benötigen Sie eine Ablage, so empfehlen wir immer geschlossene Schränke. Allenfalls können Schränke mit Glastüren oder besser Milchglastüren genommen werden. Ist dies nicht möglich, so sollte der Abstand zur Bücherwand vergrößert und die Bücher der Höhe entsprechend geordnet und möglichst regelmäßig auf Kante gestellt werden. Auf diese Weise wird eine beruhigte Rückenzone erzeugt, bei der die Bücher selbst als symbolische Stärkung wirken („Wissen ist Macht").

Vermeiden Sie es mit dem Rücken weniger als etwa eineinhalb Meter vor einem Fenster zu sitzen! Auch dort haben Sie einen ungeschützten Rücken, und Sie setzen sich außerdem im übertragenen Sinn Angriffen von außen, von Dritten außerhalb des Unternehmens aus. Sitzen Sie zudem in einem oberen Stockwerk direkt vor einem Fenster, so wird Ihnen die Aura weggezogen.

Als Abhilfe kann vor das Fenster entweder eine große Pflanze gestellt werden, die zugleich als energetische Qi-Blockade dient, oder ein Kunstobjekt, das Stärke und Unterstützung symbolisiert. Genauso gut lässt sich ein großes Foto mit den wichtigsten Produkten Ihres Unternehmens oder eine Darstellung der Unternehmensvision verwenden.

Die Perspektive

Ebenso wichtig wie der schützende „Berg“ in Ihrem Rücken ist ein freier Blick nach vorn. Die Blick-Perspektive ist von entscheidender Bedeutung, da sie im übertragenen Sinn Ihren Zukunftsaussichten entspricht.

Die wichtigste Aussage hierzu lautet: „What you see is what you get!“ Der Abstand Ihres Sitzplatzes zur gegenüberliegenden Wand sollte also möglichst groß sein. Fällt Ihr Blick auf ein gegenüberstehendes Sideboard, das sich unter Aktenbergen biegt, so wird Ihre Zielplanung ähnlich belastet. Stellen Sie also Sideboards oder Schränke um und richten Sie ein getrenntes Archiv für die Ablage ein. Große, schwere Möbelstücke gelten im übertragenen Sinn als Berg, der den Blick verstellt. Auch ein wuchtiger Kunstgegenstand oder ein Bergbild vor Ihnen können Ihre Zukunftsaussichten behindern. Verwenden Sie derartige Objekte also als *Backing* hinter Ihnen oder entfernen Sie sie ganz.

Fachbücher als kleine Mauer direkt vor Ihnen auf dem Schreibtisch blockieren Sie. Natürlich sollen derartige Hilfsmittel griffbereit sein, aber überlegen Sie: Wollen Sie wirklich Ihre eigene Sicht einengen und sich zudem vor Ihren Gesprächspartnern regelrecht verschanzen? Ein freies Gesichtsfeld nach vorn ermöglicht leichtere Orientierung und bessere Kontrollmöglichkeiten über das, was auf Sie zukommt. Es besteht ein zwingender Zusammenhang zwischen einem freien Blick und der Möglichkeit, „den Kopf frei zu haben“ für neue, kreative Ideen. Nach vorn schauen, sich den Blick nicht vernebeln lassen, den Durchblick haben sind lauter Metaphern für die alte Forderung des Feng Shui, den „Phoenix frei fliegen zu lassen“!

Blicken Sie auf eine unverstellte Wand, so können Sie diese hervorragend zur Eigenmotivation nutzen. Finden Sie Objekte, Fotos oder Bilder, die sowohl Tiefe und Ausblick vermitteln als auch symbolisch das wichtigste vor Ihnen liegende Ziel ausdrücken. Auf diese Weise schaffen Sie sozusagen „virtuelle Weite“ und programmieren für Ihr Unbewusstes eine wünschenswerte Zielvorstellung. Die dargestellte Vision wird sich durch die Aussagekraft des gewählten Bildes nach und nach in Realität verwandeln!

Wählen Sie daher sehr bewusst aus, worauf Sie schauen. Steht in Ihrem Blickfeld auf dem Schreibtisch ein Urlaubsfoto mit Strand, Sonne und blauem Meer, so wird dadurch zwar eine weite Perspektive geliefert; andererseits kann das Foto aber auch sehr ablenkend wirken, sodass es eher Gedanken an den nächsten Urlaub als kreative Arbeitsideen evoziert.

Um bei der Realität zu bleiben: Leider ist es in vielen Büros nicht leicht möglich, eine aufbauende Perspektive zu schaffen. Zwar vermeidet fast

Ihr Arbeitsplatz sollte möglichst nicht zur Wand ausgerichtet sein, da Ihre berufliche Perspektive sonst blockiert werden könnte. Wenn Sie auf eine dritte Ebene nicht verzichten wollen, so sollten die verwendeten Elemente zumindest geschlossen und abgerundet sein.

jeder Mensch bei entsprechender Wahlmöglichkeit instinktiv, mit dem Rücken zur Tür und dem Gesicht zur Wand zu sitzen. Bürogestalter sind sich dessen bewusst, werden aber durch wirtschaftliche und funktionale Erwägungen oft genug zur Einrichtung wandorientierter Arbeitsplätze gezwungen. Die einen fordern immer öfter unter dem viel zitierten Stichwort „Brett vorm Kopf“, Büroarbeitsplätze nicht gegen die Wand auszurichten. Die anderen halten dagegen, dass „es nicht anders möglich sei“. Häufig versuchen Einrichter, den „Brett vorm Kopf“-Effekt durch Einschaltung einer höher angeordneten „dritten Ebene“ zu mildern, und sie verwenden asymmetrische Tischplattenformen, um einen größeren Kopfabstand zur Wand zu erhalten.[29]

Auch dies hat aber Nachteile: Das „Brett vor dem Kopf“ wird nun durch einen „Berg vor dem Kopf“ ersetzt. Regale in Stirnhöhe schaffen zudem oft schneidende Qi-Messer, die den Kopf bedrohen. Akten, Bücher und Papiere auf der dritten Ebene erzeugen irritierende Qi-Wirbel über der Stirn. Mit zunehmender Bestückung des Regals wächst im übertragenen Sinne leicht die Arbeit über den Kopf. Eine befriedigende Lösung dieses Problems steht leider noch aus.

Stärkende Richtungen Es gibt eine Vielzahl von Einrichtungsfaktoren, die hierzulande völlig unbeachtet bleiben, nach der fernöstlichen Auffassung des Feng Shui dagegen sehr wohl eine Bedeutung haben. Dazu zählen die unterschiedlichen Qualitäten der acht Himmelsrichtungen und die Möglichkeit, durch die Wahl einer der so genannten „günstigen Richtungen“ unterstützende Energie zu gewinnen.

Möchten Sie diese Chance nutzen, dann suchen Sie aus der entsprechenden Tabelle (siehe Anhang, S. 180) Ihre vier günstigen Richtungen heraus. Die speziell den Arbeitserfolg fördernden Richtungen sind dort gekennzeichnet. Besorgen Sie sich einen Kompass und prüfen Sie, ob Ihre derzeitige Sitzposition bereits mit einer dieser Richtungen übereinstimmt. Ist das nicht der Fall, dann richten Sie sich so aus, dass Sie bei Ihrer Arbeit in eine dieser Richtungen blicken. Berücksichtigen Sie bei Ihrer Messung, dass Metall in der Nähe des Kompasses die empfindliche Nadel ablenkt, und dass jede Himmelsrichtung einen Sektor von 45° abdeckt. Ist eine Ihrer günstigen Richtungen beispielsweise der Norden, dann müssen Sie nicht genau nach Norden schauen, sondern in eine Richtung zwischen 337,5° und 22,5°.

Allerdings gilt es nach mehreren Feng Shui-Lehren auch, nicht in die (jährlich wechselnde) Richtung zu blicken, in der der Planet Jupiter steht (siehe Anhang, S. 181). Im westlichen astrologischen System wird dieser Planet zwar als Glücksbringer betrachtet. Grundlage der Feng Shui-Ansicht ist aber, dass der magnetische Einfluss des Jupiters zu stark und daher bei ständiger Konfrontation für den Menschen schwächend sei.[30]

Viele fernöstliche Geschäftsleute nehmen übrigens weite Umwege in Kauf, um zu wichtigen Terminen aus der eigenen günstigsten Richtung zu kommen. Aberglaube? Oder besser: Was beliebt zusammenzutreffen? Probieren Sie es aus! Checken Sie bei Ihrer Reiseplanung zu einer wichtigen Verhandlung nicht nur die Route und Flug- oder Bahndaten, sondern überprüfen Sie die Anreise auch im Hinblick auf die vier Himmelsrichtungen, die Sie persönlich stärken! Reisen Sie zumindest im letzten Drittel der Reise so an, dass Sie eine davon im Rücken haben. Der energetische Schwung, den Sie zum Verhandlungsort mitnehmen, wird Ihre Kondition und Ihren Geschäftserfolg unterstützen.

Die Beleuchtung Klagen über schlechte Sehverhältnisse zählen zu den häufigsten Beschwerdepunkten in Büros. Das gilt vor allem für Bildschirmarbeitsplätze mit hohen visuellen Anforderungen.

Augenfreundliches und helles indirektes Licht und gezielte direkte Beleuchtung des Arbeitsplatzes durch eine Leuchte in einer individuell stärkenden Farbe sowie die abgerundeten Tischkanten sind Pluspunkte dieses Arbeitsplatzes. Demgegenüber lässt er jedoch keine Kontrolle über den Raum zu: Dritte können sich unbemerkt nähern. Diese potenzielle „Gefahr" entzieht unbewusst Energie.

Früher konzentrierte sich die Lichtplanung vor allem auf reine „Beleuchtungsstärkeplanung". Mittlerweile ist aus ergonomischen Überlegungen heraus klar, dass auch beispielsweise die Abstimmung von horizontalen und vertikalen Beleuchtungsstärken, eine ausgewogene Leuchtdichteverteilung, die Vermeidung von Direkt- und Reflexblendungen sowie Lichtfarbe und Farbwiedergabeeigenschaften der Beleuchtung sorgfältig bedacht werden müssen.[31] Wesentlich ist außerdem, dass bereits vor einer physiologischen Blendung, die durch zu hohe Leuchtdichte zum Zukneifen der Augen zwingt, die so genannte psychologische Blendung auftritt, die unbestimmte unangenehme Gefühle und entsprechende Leistungsminderung hervorruft.[32]

Räumliche Veränderungen müssen immer eine Anpassung der Beleuchtung mit sich bringen. Auch kleinere Maßnahmen, wie zum Beispiel das Umstellen von TV-Monitoren und Multimedia-Türmen, sollten achtsam vorgenommen werden, da sie unvermittelt indirekte Reflexion und Blendung hervorrufen können. Alle Reflexionen und Spiegelungen beeinflussen auch den Qi-Fluss und können ihn unbeachtet leicht in unerwünschter Weise lenken. Übrigens werden nur allzu oft auch die besten Intentionen von Architekten und Lichtdesignern durch Putzkolonnen oder mangelnde Information der Mitarbeiter zunichte gemacht.

Die moderne Lichtplanung empfiehlt für Büroräume in den meisten Fällen so genannte Zwei-Komponenten-Beleuchtungssysteme. Diese Kombinationen aus raumbezogener indirekter Beleuchtung und arbeitsplatzbezogener direkter Beleuchtung sind auch deshalb günstig, weil sie dem bereits geschilderten ausgleichenden Yin-Yang-Prinzip entsprechen (siehe Kapitel 1, S. 31).

Indirekte Leuchten können zudem gut als Wandleuchten an Stützpfeilern montiert werden. Sind sie an längeren Geraden versetzt angebracht, so formen sie den Qi-Fluss zu einer harmonischen mäandernden Bewegung (siehe auch Kapitel 4, S. 104). Die im Feng Shui bisweilen empfohlene reine Indirektbeleuchtung erweist sich in der Praxis dagegen oft als problematisch und unzureichend. Die gesetzlich vorgeschriebene Beleuchtungsstärke an Büroarbeitsplätzen lässt sich mit indirektem Licht nur bei extrem hoher Deckenleuchtdichte erreichen, die wiederum zu Reflexblendungen auf Bildschirmen führt. Eine direkte blendfreie Arbeitsplatzleuchte ist folglich notwendig. Ungünstig ist es hier allerdings, futuristische Leuchten mit spitzen, aggressiven Formen zu verwenden.

Arbeitsplatzleuchten mit individuell wählbaren Farben eignen sich im Übrigen auch gut als materielle Repräsentanten der *Fünf Elemente* zum Ausgleich energetischer Konflikte. Benötigen Sie dazu beispielsweise einen Metall-Repräsentanten, so sollten Sie eher eine messing- oder silberfarbene Arbeitsplatzleuchte verwenden als eine schwarze Lampe. Beachten Sie hierbei erneut, dass das jeweilige Element eines materiellen Repräsentanten generell eher durch die Farbe als durch das Material bestimmt wird.

Spots sollten in Büros nur mit größter Vorsicht verwendet werden. Dabei muss sichergestellt sein, dass sie weder blenden noch direkt über Sitzpositionen angebracht sind und einen gleißenden Lichtstrahl auf Gehirn und Kronenchakra werfen, der Kopfschmerzen und eine Verminderung der geistigen Leistungsfähigkeit hervorrufen könnte.

Farbige Accessoires und Objekte können individuell stärken oder ausgleichen.

Dekoration und Farben Alle Schmuckelemente in Ihrem Büro sollten im Hinblick auf ihre Aussagekraft und Botschaft überprüft werden. Woran erinnert Sie jeder einzelne Gegenstand? Welches Feld hat sich darum gebildet? Haben Sie dazu positive oder eher negative Gedanken? Steigen Freude und Selbstvertrauen in Ihnen auf, wenn Sie darauf schauen? Ziehen Sie entsprechende Konsequenzen: wenn Ihnen ein bestimmter Gegenstand im Grunde missfällt oder völlig nichts sagend für Sie ist, dann wechseln Sie ihn aus! Trennen Sie sich gegebenenfalls auch von lieb gewordenen Gegenständen Ihrer Vorgänger; sie könnten eine kaum beachtete unerwünschte Botschaft und subtile Beeinflussung entfalten.

Bei einer neuen Farbwahl sollten Sie auf jeden Fall großflächige Farbkonflikte vermeiden. Schauen Sie sich daraufhin die Planung für Boden und Wände oder Decke und Wände noch einmal an. Die Farben sollten auf jeden Fall im Einklang mit dem *Harmoniezyklus* des *Fünf-Elemente-Systems* stehen. Bei einer großflächigen Verwendung von Konfliktfarben würde die Atmosphäre mit aggressiver, streitsüchtiger Spannung angereichert. Bei bereits bestehender Farbgebung können durch entsprechende materielle Repräsentanten der Brückenelemente ausgleichende Akzente gesetzt werden.

Wählen Sie im Zweifelsfall lieber eine neutrale warmweiße Farbe und setzen Sie Akzente durch farbige Dekorationen. Sie können diese leichter austauschen als Wandfarben oder Fußbodenbeläge. Generell ist es sinnvoll, bei der Farbwahl zusätzlich noch Zeitqualitäten, Gebäude- und Raumsektoren, den Geschäftszweck sowie das Feng Shui-Profil zu berücksichtigen; hierfür ist aber eine individuelle Beratung erforderlich.

Zeigen Sie insgesamt mehr Mut zur Farbe! Die Gestaltung der meisten Büros neigt zur Vereinheitlichung: Reihen von Büros mit jeweils den gleichen Farben für Wände, Böden und Möbel. Hier sorgen beispielsweise verschiedenfarbige Papierkörbe, Sideboards, Bilderrahmen und Schreibtischaccessoires für „frischen Wind“.

Mut zur Farbe ist auch beim Büromobiliar positiv! Das einheitliche System sorgt für eine übereinstimmende Bürogestaltung, verschiedene Farben für die individuelle Stärkung der Menschen. Geschwungene Formen wirken sich harmonisch auf den Qi-Fluss aus.

Kabel und Elektrosmog Alle Untersuchungen zum Thema SBS *(Sick Building Syndrome)* und BRI *(Building Related Illness)* unterstreichen die Zunahme von Beschwerden am Arbeitsplatz. Die Erklärungsmodelle beziehen sich gewöhnlich sowohl auf psychische Umstände (unbewältigte Stressfaktoren) als auch auf ungünstige raumklimatische Bedingungen.

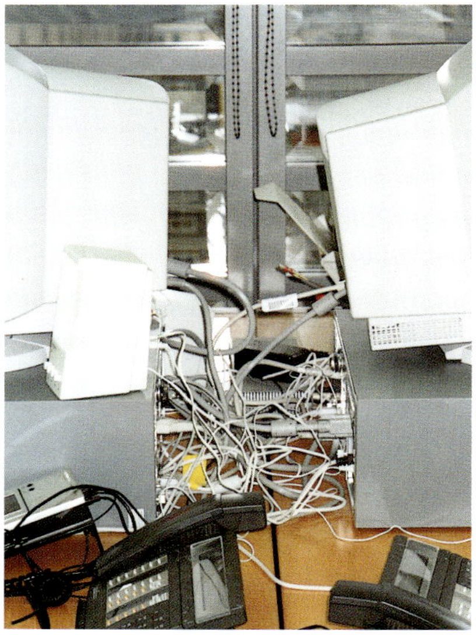

Die Vernetzung bringt viele Vorteile, kann aber im übertragenen Sinne Ihre Nerven auch buchstäblich bloßlegen. Nutzen Sie bewusst alle Möglichkeiten des jeweiligen Büromobiliars, um Kabel zu verstauen.

Während erfolgreiche Stressbewältigung und höhere Stresstoleranz SBS-Beschwerden deutlich reduziert, vermag selbst eine konsequente Verbesserung der raumklimatischen Bedingungen die Häufigkeit von SBS-Beschwerden nicht wesentlich zu vermindern.[33] Das lässt die Annahme zu, dass in diesem Zusammenhang auch Elektrosmog-Phänomene eine wesentliche Rolle spielen.

Viele moderne Büros weisen geradezu einen Urwald an elektromagnetischen Feldern von Strom-, Computer- und Telefonleitungen, Klimaanlagen, elektronischen Geräten, Handys und anderen Quellen auf. Oft verlaufen die Leitungen unter dem Boden, sodass die Menschen darüber in die unterschiedlichsten Felder „eingehüllt" sind.

Ein weiterer Punkt kommt hinzu: Im Feng Shui entsprechen Elektrizität und elektronische Geräte nach dem *Fünf-Elemente-System* dem Feuer-Element. Steht dieses im Konflikt zur persönlichen energetischen Struktur eines Menschen, so kann die ständige Betonung des Feuer-Elementes durchaus negative Auswirkungen auf die Leistungsfähigkeit nach sich ziehen. Darüber hinaus hat ein zu starker Feuer-Einfluss nach der Traditionellen Chinesischen Medizin (TCM) beeinträchtigende Rückwirkungen auf Herz und Nervensystem.

Eine kleine Abhilfe besteht darin, das Gebäude mindestens zur Mittagspause zu verlassen, um durch einen Spaziergang im Freien das Elementen-Gleichgewicht im Körper wieder herzustellen. Häufig wird auch empfohlen, viel Wasser zu trinken, um die Wirkungen von Elektrosmog im Körper gering zu halten. Hierfür eignet sich allerdings nur Wasser aus Flaschen, die nicht ihrerseits die ganze Zeit im selben Büro gestanden haben.

Selbst wenn es den Arbeitsablauf unterbricht und Sie zu einigen Schritten zwingt, sollten Sie nicht unbedingt alle möglichen elektronischen Geräte in Ihrer Nähe haben. Es ist besser, diese in Extraräumen oder -bereichen unterzubringen. Schließlich raten auch Arbeitsmediziner zu häufigen kurzen Pausen und Bewegungsübungen! Verknüpfen Sie doch den Gang zu einem Faxgerät, Drucker oder Kopierer mit dieser Empfehlung und betrachten Sie dies bewusst positiv als Investition in Ihre Leistungsfähigkeit.

Leider gibt es derzeit noch keine ausreichenden Untersuchungsmöglichkeiten für die Belastung des Organismus durch Feldeinflüsse von elektronischen Geräten. Viele Wissenschaftler (und Gerätehersteller) bezweifeln daher regelmäßig, dass eine derartige Belastung überhaupt besteht. Elektromagnetische Feldeinflüsse gelten als nicht abschirmbar. Alternative Denkrichtungen behaupten demgegenüber, dass jeder lebende Organismus durch Elektrosmog beeinträchtigt wird und dass es letztlich eine Frage der Intensität und Dauer des Elektrosmog-Einflusses sowie der Konstitution eines Menschen ist, wann damit zusammenhängende Symptome auftreten. Als wirksame Abschirmmaßnahme werden faustgroße Rosenquarzblöcke neben oder auf dem PC empfohlen, die regelmäßige Raumlüftung sowie ein „Besprühen" der mit Elektrosmog geladenen Atmosphäre. Probieren Sie dies einmal, wenn Sie lange am Computer gearbeitet haben. Nehmen Sie eine Pflanzen-Sprühflasche mit frischem Wasser und wenigen Tropfen natürlichem ätherischem Öl (nicht naturidentisch!), und sprühen Sie einige Male in die Luft. Der herabsinkende feine Sprühnebel drückt den Elektrosmog nach unten auf den Boden.[34]

Der Kabelkanal ist an sich eine vernünftige Lösung. Nachteilig wirkt allerdings seine Form, da sie an ein bloßliegendes menschliches Rückgrat und im übertragenen Sinn an ein Skelett erinnert.

Übrigens hat Elektrosmog eine kontaminierende Wirkung auf das Qi. Räume mit hohem Gehalt an Elektrosmog, in denen laufend Menschen arbeiten, bedürfen daher in der Regel immer einer geeigneten Qi-Auffrischung (Pflanzen, frische Blumen, Wasserspiel und so weiter).

Sinnvoll ist es zu prüfen, ob baubiologische Belastungen im Raum vorliegen und ausgeräumt werden sollten. Allerdings birgt das Thema Baubiologie noch ungelöste Schwierigkeiten, da sich im Nachhinein zeigen kann, dass manche als ökologisch unbedenklich bezeichnete Baustoffe und Vorgehensweisen in Wirklichkeit langfristig schädlicher sind als herkömmliche Materialien.

Sorgen Sie im eigenen Interesse auch dafür, dass alle Kabel verdeckt oder jedenfalls ordentlich gebündelt sind. Im übertragenen Sinne entsprechen sichtbare Kabel ja bloßliegenden Nerven. Kabelgewirr ruft daher Schwingungen und Felder hervor, die Nervosität und Reizbarkeit vermehren, und führt zu geringerer Stresstoleranz. Dieses Problem wird sich in Zukunft verringern, wenn elektronische Geräte kabellos miteinander kommunizieren. Allerdings stellt sich wiederum die Frage, inwieweit die dazu notwendigen ständigen (allerdings mit sehr schwacher Stromleistung erzeugten) Funkkontakte die Elektrosmog-Belastung des Organismus weiter erhöhen.

Das Einzelbüro Manche Empfehlungen aus der Feng Shui-Literatur haben bei gewöhnlichen Arbeitsplätzen kaum eine Chance auf Umsetzung. Sehr häufig muss eine „Spagat-Lösung“ zwischen blendfreiem Bildschirm nach EU-Normen, Vermeidung der Sitzposition im *Track of Energy* zwischen Tür und direkt gegenüberliegendem Fenster sowie der *Backing-Perspektive-Problematik* gefunden werden. Oft werden wir mit der verwirrten Frage konfrontiert: „Welche Regel ist denn nun am wichtigsten?“

Frisches Obst in einer Schale wirkt in nüchternen Büroräumen als überraschendes Lebenssymbol und willkommene Qi-Auffrischung.

Der Wunsch nach einer festen Prioritätenliste, die eine klare Orientierung ermöglicht, ist verständlich, entspringt aber unserem westlichen monokausalen, eindimensionalen Denken. Die fernöstliche Auffassung ist differenzierter und eher bereit, Wirkungen durch das Zusammensetzen vieler unterschiedlicher Mosaiksteine zu schaffen. Hier ist ein Versuch, dem Bedürfnis nach Prioritäten entgegenzukommen.

Auf jeden Fall ist der Blick zur Tür vorrangig gegenüber dem Blick in die persönliche günstige, stärkende Himmelsrichtung. Befindet sich die Sitzposition mit dem Blick zur Tür, aber genau zwischen Tür und Fenster oder in der Linie zwischen zwei Türen, so liegt sie im „Energiedurchzug“. Konzentriertes, ungestörtes Arbeiten wird hier etwa so beeinträchtigt, als wenn Sie ständig im Luftzug sitzen würden. In einem derartigen Fall ist es ratsam, so weit wie möglich aus der Tür-Fenster-Linie zu rücken und etwaige Nachteile der neuen Position anders auszugleichen. Prüfen Sie also, ob Sie den Schreibtisch so stellen können, dass Sie außerhalb des Energiedurchzugs arbeiten, aber gleichzeitig die Normen zu blendfreien Bildschirmen berücksichtigen können. Nehmen Sie eventuell ruhig die Position des *Side Command* (Blick im rechten Winkel zur Tür) in Kauf. Geht dies nicht und sind Sie aufgrund des Bürogrundrisses gezwungen, zwischen Tür und Fenster zu sitzen, so platzieren Sie vor dem Fenster eine Pflanze mit weichen Blättern (keinen Kaktus!), die eine Qi-Blockade errichtet. Auch transluzide (insbesondere metallbedampfte) Lichtschutzfolien beispielsweise in Form von Senkrecht-Lamellen erzeugen eine Qi-Blockade.

In vielen Fällen ist es natürlich schwierig oder sogar unmöglich, für jeden Mitarbeiter eine optimale Arbeitsposition zu schaffen. Expansion und notwendige Reengineering-Maßnahmen lassen sich nicht davon aufhalten, dass alle davon Betroffenen nicht gleich Arbeitsplätze mit freiem Blick und einer festen Wand hinter dem Rücken erhalten können. Es ist aber in den meisten Fällen bereits mit etwas Fantasie und „Bordmitteln“ möglich, sich zu behelfen. Besteht nur geringer Spielraum, so kann gerade im Einzelbüro dadurch ein Ausgleich geschaffen werden, dass andere energetisch und psychisch relevante Faktoren vermehrt berücksichtigt werden.

Das interessante Türportal mildert den Qi-Durchzug zum Fenster ab – eine gute Lösung. Auch hier besteht aber die Problematik der „offenen Flanken“. Eine Herausforderung für die Büroplanung: Wie lassen sich auf engem Raum die Grundbedürfnisse nach Schutz, Perspektive und optimaler Versorgung mit der Qi-Energie erfüllen?

Unterstützen Sie Ihre energetische Kraft durch Verwendung Ihrer stärkenden Farben, durch bewussten Einsatz entsprechender materieller Repräsentanten, Ihre stärkende Himmelsrichtung, frische Blumen zur Qi-Auffrischung. Verwenden Sie nur motivierende Bilder und Dekorationen!

Achten Sie auf ein ausgewogenes Gleichgewicht zwischen geradlinigen und geschwungenen Formen. Gerade Linien, kräftige Farben und helle Beleuchtung sind, wie Sie wissen, Yang-Elemente, Rundungen, sanftere Farben und indirekte Beleuchtung dagegen Yin-Faktoren. Das Yang-Element sollte hervorgehoben sein, aber nicht zu sehr dominieren; in jedem Büro sind auch einige Yin-Akzente wichtig. Auf diese Weise stehen Sie eher über den Dingen und Ihre Souveränität und Selbstsicherheit werden unterstützt. Und achten Sie auf die Einhaltung von Ordnung! Räumen Sie in regelmäßigen Abständen auf und befreien Sie sich von unnötigem Ballast.

Übrigens kann ein aufbauender Arbeitsplatz auch ein wirksamer Schutz gegen Mobbing und andere psychosoziale Stressfaktoren sein! Erinnern Sie sich: „Freudige Menschen eignen sich schlecht als Opfer!“[35]

Das Chefbüro Ist es im Zeitalter flacher Hierarchien überhaupt noch angebracht, Entscheidern die beste Position zuzugestehen?

Solange es menschliche Gemeinschaften gibt, werden sich in jedem sozialen Netz offen oder versteckt hierarchische Positionen bilden. Die Anführung und Leitung des Stammes, das damit verbundene soziale Prestige und die entsprechende Verantwortung durchziehen die gesamte menschliche Entwicklungsgeschichte und haben uns archetypisch geprägt.

Selbst in Unternehmen mit schlanken Führungs- und Entscheidungsstrukturen, die bewusst auf kooperative Gleichwertigkeit setzen, gibt es nach wie vor im Hintergrund versteckte Hierarchien und Statussymbole. Was früher Firmenwagen, Vorzimmer und Wochenblumenstrauß bedeuteten, wird zukünftig vielleicht in Form von Zugangscodes zu bestimmten Informations-Netzwerken unter dem Vorwand notwendiger Sicherheitsmaßnahmen geboten.[36]

Geradliniger ist die Einstellung des Feng Shui. Ohne Schönfärberei oder vorgeschützte Bescheidenheit wird dort verlangt: Je größer die Verantwortung eines Menschen ist, desto mehr Aufmerksamkeit ist auf dessen Wohlergehen und energetische Stärkung zu richten.

Die Sektorenqualität des Chefbüros muss daher im Hinblick auf die Übereinstimmung mit dem Gebäude und der Zeitqualität positiv und erfolgsverheißend sein. (Dieser Punkt kann nur in einer individuellen Beratung geprüft werden.)

Das Büro sollte zudem möglichst weit entfernt vom Eingang – und am besten diagonal dazu versetzt – liegen. Mit dieser Raumposition ist nach der Feng Shui-Philosophie der Hauptentscheider als für das „Wohl und Wehe des gesamten Unternehmens“ wichtigste Person am besten gegen ungebetene Eindringlinge geschützt.

Zudem hat er hier die notwendige Arbeitsruhe. Gleichzeitig wird das Territorium des Entscheiders in hohem Maße energetisch aufgeladen. Christian Mikunda vergleicht Firmenbosse mit Sportstars: „Große Stars werden zu Pressekonferenzen in die rückwärtigen Räume eines Hotels gebracht, damit viele Räume durchschritten werden müssen, bis die Journalisten zu ihnen kommen können. Gleiches wird im Büro der Zukunft für die unterschiedlichen Stars des Unternehmens gelten.“[37]

Die Inszenierung des Chefbüros als „verbotener Ort“ entspricht also stärkster Aufwertung des Territoriums sowie dem – unbewussten – menschlichen Hierarchiebedürfnis: ein Mechanimus zur Intensivierung des energetischen Feldes um den Hauptverantwortlichen. Dieser wird dadurch stärker und weniger angreifbar – und gleichzeitig entsprechend nützlicher für das

Rechte Seite: Das Büro der erfolgreichen Unternehmerin und Schmuckdesignerin Kim-Eva Wempe.
Nach der Umstellung des Schreibtisches hat Kim-Eva Wempe den Raum unter Kontrolle, und sie sitzt außerdem im Kreativitätsbereich. Die Weltkarte im Rücken symbolisiert Unterstützung und Schutz. An der Wand wäre Platz für ein motivierendes Bild. Der Farbkonflikt Schwarz/Rot wurde durch attraktive Grünpflanzen gemildert. (siehe Bild oben). Ursprünglich saß sie mit dem Rücken zur Tür. Der schmale Spiegel an der gegenüberliegenden Wand erlaubte nur eine teilweise Sicht nach hinten (siehe Bild rechts unten).
Die antike japanische Figur mit den geöffneten Armen wirkt aufbauend und stärkend. (siehe Bild links unten).

Ein ruhig stehender Elefant ist ein hervorragendes Symbol für Stärke und dauerhafte Stabilität. Ähnlich wie die Abbildung eines Berges kann er als Backing einen im Grunde fehlenden Rückenschutz ersetzen.

Wohl aller anderen. Vorausgesetzt, er verfügt über stabile fachliche und menschliche Qualitäten!

Gibt es im Unternehmensgebäude einen Platz mit *Triple Backing*, an dem die wichtigste Führungskraft im übertragenen Sinn über die Unterstützung der gesamten Gemeinde verfügen kann? Diese Überlegung ist ein bedeutsames Argument, die Position für das Chefbüro mit größter Sorgfalt auszusuchen. Je günstiger das *Backing*, desto mehr Rückhalt durch Mitarbeiter und Dritte!

Das Büro sollte sich aber wiederum nicht in einem fernen, abgelegenen und einsamen Bereich befinden oder am hintersten Ende eines langen Ganges (Qi-Pfeil!). Hierdurch würde die Gefahr eines Grabens zwischen Führung und Unternehmensrealität, eines Auseinanderlebens von Entscheider und Mitarbeitern heraufbeschworen. Auch die Qi-Versorgung wäre in diesem Bereich schlecht.

Je inspirierender die Perspektive eines Entscheiders ist, desto größere Unterstützung ergibt sich dadurch für die umsichtige und vorausschauende Lenkung der Geschicke des Unternehmens. Auf keinen Fall darf seine Visionsfähigkeit durch überquellende Aktenschränke oder beladene Sideboards verbaut werden.

Auch jedes vom Vorgänger übernommene Möbel- oder Dekorationsstück sollte gründlich auf Aussage und morphisches Informationsfeld überprüft werden! War der Vorgänger erfolgreich, dann hat ein solches Objekt eine stärkende Aura. Anders verhält es sich, wenn der Vorgänger vorzeitig verabschiedet wurde.

Besonders für Entscheider ist es im Übrigen grundlegend wichtig, in ihrem Arbeitszimmer entweder in der *Commanding Position*, also schräg gegenüber der Tür zu sitzen oder zumindest in der Position des *Side Command,* das heißt im rechten Winkel zur Tür. Hervorragend ist es, wenn der Entscheider dabei zugleich in eine seiner günstigen Richtungen blickt.

Eine weitere (tiefenpsychologisch gestützte) Empfehlung des Feng Shui: die Einrichtungsgegenstände auf der linken Seite neben dem Entscheider sollten etwas höher sein (zum Beispiel Bücherschrank), diejenigen auf der rechten Seite etwas niedriger (zum Beispiel das Sideboard). Dies entspricht dem fernöstlichen archetypischen Bild der Idealposition, die von den „vier magischen Tieren“ eingerahmt wird: hinten die Schildkröte *(Backing)*, links der Drache (das männlich-starke Element), rechts der Tiger (das weiblich-geschmeidige Element) und vorn der Phönix (die inspirierende freie Perspektive).

Oben: Nach der Umstellung des Schreibtischstuhles des WDR-Intendanten Fritz Pleitgen sitzt dieser vor dem Bücherregal. Die Bücher sind auf Kante mit einer glatten Vorderfront geordnet. Damit stärkt Wissen den Rücken.
Der Elefant vor dem Fenster sorgt für Ruhe und Stabilität. Eine Pflanze verdeckt die „angreifende“ Wandkante.

Rechts: Die ursprüngliche Arbeitsposition von Fritz Pleitgen, eine „Position der Stärke“ mit dem Blick zur Tür. Ungünstig war der unbemerkte, ungenügende Rückenschutz durch das genau dahinter liegende Fenster.

„Aktivierung" des Bagua Wie Sie bereits wissen, erfordern fehlende Grundrissbereiche einen höheren Energieeinsatz, um die nach dem System des *Bagua* mit diesen Bereichen verknüpften Herausforderungen und Geschäftsaufgaben erfolgreich bewältigen zu können (siehe Kapitel 1, S. 49). Bei einer entsprechenden Beratung werden individuelle ausgleichende Maßnahmen festgelegt.

Als erster Schritt ist in jedem Fall die so genannte Aktivierung der fehlenden Bereiche in einem anderen Bezugssystem, und zwar am besten im Chefbüro oder auf dem Schreibtisch des Entscheiders zu empfehlen. Diesen unternehmerischen Zielbereichen wird damit zusätzliche Energie zugeführt. Acht Maßnahmen sind hierfür notwendig:

1. Schauen Sie sich zunächst den Grundriss des Bürogebäudes oder Ihrer Büroetage an. Stellen Sie anhand der Grafik 10 (Kapitel 1, S. 50) fest, welche Bereiche dem Gebäudegrundriss fehlen und welche unternehmerische Bedeutung sie haben.[38] (Hat das Gebäude einen regelmäßigen Grundriss, so können Sie die folgenden Ausführungen analog verwenden, um für die vor Ihnen liegenden Herausforderungen mehr Unterstützung zu erhalten; vgl. S. 50.)
2. Dann übertragen Sie das Bagua so auf Ihr Büro, dass sich der Bereich Strategische Planung wiederum in der Mitte der Raumseite befindet, auf der die Tür liegt.
3. Stellen Sie nun fest, wo sich in Ihrem Büro der Bereich befindet, der Ihrem Gebäudegrundriss fehlt. Sie werden dabei sehen, dass die Themen Corporate Knowledge, Geschäftserfolg, Betriebsklima und Beziehungsnetz jeweils in Eckbereichen Ihres Büroraumes liegen, die Themenkreise Kernkompetenzen, Image, Marketing und Strategische Planung hingegen an Wandflächen.
4. Die Wand oder Ecke des Raumbereiches, den Sie aktivieren möchten, muss frei sein, sodass das Qi dort ungehindert fließen kann. Beachten Sie hierbei die Faustregel „1×1": Ecken müssen auf beiden Seiten mindestens einen Meter freie Wandfläche haben, Wandbereiche ebenfalls eine metergroße freie Fläche.
5. Finden Sie nun ein Symbol, das für Sie persönlich das betreffende Thema am aussagekräftigsten wiedergibt. Das können ein Gegenstand, ein Bild oder Foto sein, die Ihnen vertraut sind. Niemand sonst braucht dessen Bedeutung zu verstehen; nur Ihnen muss beim Blick auf das Symbol sofort klar sein, was gemeint ist. Investieren Sie Zeit, das für Sie richtige Symbol zu finden, und wählen Sie bevorzugt Symbole aus Ihrem Kulturkreis, die Ihnen persönlich

vertraut sind. Nehmen Sie beispielsweise nur dann die in der Feng Shui-Literatur bisweilen empfohlenen chinesischen Münzen, wenn Ihnen diese von Li Ka-shing – einem der bekanntesten Business-Tycoons in Hongkong – persönlich überreicht wurden, sodass Sie selber eine persönliche Beziehung dazu haben.

6. Bringen Sie nun das Symbol in dem entsprechenden Bereich an, indem Sie es aufhängen, hinstellen oder auf einem Beistelltisch platzieren.
7. Frischen Sie das Qi in diesem Bereich zusätzlich auf. Mit anderen Worten: Stellen Sie eine einzelne Blume, einen Blumenstrauß oder eine blühende Pflanze zu diesem Symbol.
8. Pflegen Sie die Aktivierung! Das bedeutet, dass Sie sich diesem Bereich mindestens einmal täglich mit liebevoller Aufmerksamkeit zuwenden sollten. Versorgen Sie die Blume oder Pflanze persönlich. Halten Sie das Symbol sauber und seien Sie sich bewusst, dass Sie mit dieser Hinwendung quasi „auf Empfang gehen". Betrachten Sie das Symbol wie einen persönlichen „Erfolgs-Pincode", mit dem Sie für das entsprechende Ziel eine Resonanz schaffen.

Haben Sie keinen freien Bereich, der die geschilderten Voraussetzungen erfüllt, so können Sie auch Ihren Schreibtisch für die Aktivierung nutzen. Die Voraussetzungen sind die gleichen, nur dass Sie auf kleinerem Raum arbeiten. Auch hier gilt es, das fehlende Thema zu definieren, den entsprechenden Platz auf Ihrem Schreibtisch zu bestimmen (der Bereich Strategische Planung liegt genau vor Ihrer Sitzposition), diesen Platz freizuräumen, ein entsprechendes Symbol auszusuchen und aufzustellen, das Qi durch eine Blume oder Pflanze aufzufrischen und dem Symbol täglich mindestens einmal Ihre Aufmerksamkeit zu schenken.

Frische Blumen und Pflanzen sorgen für eine wertvolle Auffrischung der Vitalenergie Qi. Sie sind ein Lebenssymbol und damit zugleich ausgleichender Yin-Faktor.

Room Sharing – Interaktion oder Konteraktion?

Menschen, die zusammen arbeiten, ziehen nicht notwendigerweise an einem Strang – selbst wenn sie für ein gemeinsames Projekt tätig sind. Ob die Arbeit daran eher durch Kooperation (Interaktion) oder Distanzierung (Konteraktion) geprägt wird, unterliegt maßgeblich dem Einfluss von Raumfaktoren wie Formen, Farben, der Persönlichkeit des Raumes, dem Fluss der Vitalenergie Qi, der individuellen Sitzposition, den unterschiedlichen psychischen Strukturen der Beteiligten sowie dem Verhältnis zwischen ihren Feng Shui-Profilen (siehe Kapitel 1, S. 43).

Doppelarbeitsplätze

Die folgenden Empfehlungen sollen Ihnen helfen, Spannungsfaktoren an Doppelarbeitsplätzen leichter zu erkennen und für entsprechende Abhilfe sorgen zu können.

Achten Sie besonders in Räumen mit Doppelarbeitsplätzen auf einen harmonischen Qi-Fluss! Prüfen Sie, ob überhaupt genügend Vitalenergie in den Raum gelangt, sehen Sie sich also den Verlauf der Gänge vom Haupteingang bis zu Ihrem Büro an. Frischen Sie gegebenenfalls bereits auf dem Gang vor Ihrem Büro die Energie auf. Verhindern Sie einen direkten „Energiedurchzug“ zwischen der Tür und gegenüberliegenden Fenstern durch eine üppige, vitale Pflanze. Lenken Sie die Energie in Ihrem Büroraum gegebenenfalls durch entsprechende Positionierung der Möbel und geschwungene Bodenmarkierungen. Vermeiden Sie die üblichen kränkelnden Büropflänzchen und investieren Sie in attraktive Gewächse. Auch frische Blumen zwischen den Arbeitsplätzen heben die Vitalität im Raum.

Derartige Investitionen zahlen sich in besseren Arbeitsergebnissen aus. Dennoch ist ein vitaler Qi-Strom keine Einzelgarantie für rundum strahlende Gesichter! Deshalb heißt es selbstverständlich auch hier: keine versteckten aggressiven oder herabziehenden Dekorationen, keine spitzen, zerstörerischen Formen in der Einrichtung, keine großflächigen Farbkonflikte!

Arbeiten Sie auf engem Raum mit jemandem zusammen, dessen vorherrschende Elemente in Spannung zu Ihren Elementen stehen, so können sich Differenzen und Unstimmigkeiten leicht zuspitzen. Auch wenn Sie sich beide sehr viel Mühe geben, liegt immer Nervosität in der Luft: die Wellenlänge stimmt einfach nicht.

Zwar muss ein Spannungsverhältnis zwischen den verschiedenen Elementen nicht in jedem Fall negativ sein. In manchen Fällen ergeben sich

Alle Interaktionen am Arbeitsplatz unterliegen in vielfältiger Weise raumpsychologischen Einflüssen. Die Optimierung der Arbeitsumgebung trägt wesentlich zur erfolgreichen und spannungsfreien Zusammenarbeit bei.

daraus Anregungen, schwungvolle Ideen und stärkeres Bewusstsein der eigenen Identität. Wenn Sie aber das Gefühl haben, nicht am gleichen Strang zu ziehen, und wenn bereits geringfügige Anlässe ausreichen, um Kontroversen und Unfrieden hervorzurufen, kann die Ursache durchaus in konflikthaften Elementen liegen. Ein Ausgleich könnte dann durch materielle Repräsentanten des jeweiligen Brückenelements erfolgen.

Prüfen Sie aber auch Ihre eigenen psychischen Strukturen, Ihre Eigenschaften, Einstellungen und Gewohnheiten. Sind Sie eher introvertiert oder extravertiert geprägt? Das heißt, beziehen Sie sich in Ihren Interessen und Reaktionen im Alltag normalerweise eher auf die äußere Welt des Sichtbaren, die objektive Realität, oder eher auf die subjektive Welt des Möglichen und auf Ihr eigenes Innenleben? Arbeiten Sie lieber allein oder mit anderen zusammen? Denken Sie einmal frei von jeder Wertung darüber nach. Es lohnt sich, die eigene psychische Grundeinstellung herauszufinden. Leicht kann das, was ein Mensch als angenehm empfindet und begrüßt – wie die Begegnung mit anderen, das Gespräch, die Arbeitsunterbrechung, das Durchsprechen von Projekten usw. –, von dem anderen als eher lästig und störend empfunden werden. Derartige Vorlieben sind oft eher unbewusst. In diesem Fall suchen sie sich schnell scheinbar sachliche Argumente als Projektionsmedium. Das heißt, ein eigentlich unspezifisches ärgerliches Gefühl versteckt sich hinter Beschwerden über eher unwichtige Sachverhalte – wie das Verhalten des Büronachbarn – und schiebt diese dann anklagend in den Vordergrund.

Die Rücknahme eigener Projektionen ist allerdings eine lebenslange Aufgabe; sie kann hier nur kurz angedeutet werden. Erinnern Sie die Worte von James Yandell (siehe Anmerkung 15, S. 183): „Wir finden uns wieder in anderen Menschen, Dingen und Orten, in Erfahrungen, die für uns von außen zu kommen scheinen.“ Was in Ihnen unbewusst „gärt“, sucht sich einen Weg an das Licht Ihrer Aufmerksamkeit, indem es scheinbar im Verhalten anderer Menschen auftaucht und Sie zu ärgerlichen Reaktionen provoziert. Je mehr Sie derartige Vorgänge erkennen, desto objektiver können Sie einem Bürokollegen oder einer Kollegin begegnen, das heißt auch deren wirkliche Stärken erkennen.

Schaffen Sie eine gemeinsame Perspektive und formulieren Sie bewusst gemeinsame Ziele! Menschen, die einander gegenüber arbeiten, schauen in entgegengesetzte Richtungen. Der oder die andere ist in den meisten Fällen nicht als Zukunftsperspektive geeignet (es sei denn, Gott Amor hat die Hand im Spiel!); daher arbeiten sie nicht miteinander, sondern eigentlich gegeneinander.

Können Sie die Schreibtische nicht in eine Winkelposition umstellen, dann sollten Sie zwischen den Schreibtischen eine genügend hohe Abtrennung einrichten, die zwar einen visuellen Kontakt zulässt, aber auch eine gewisse Intimsphäre gibt und die Gestaltung oder Anbringung einer aufbauenden Perspektive ermöglicht. Die Abtrennung darf auf keinen Fall als dritte Ebene für die Ablage von Büchern, Akten und Vorgängen benutzt werden, die Ihnen – wie Sie wissen – als symbolische Berge den Blick verstellen würden. Nutzen Sie die Abtrennung dagegen, um aufbauende – und für Sie beide gleiche – Symbole (Bilder, Fotos) für Ihre gemeinsamen Ziele zu befestigen.

Ähnliches gilt übrigens für alle Beratungsgespräche: Wenn irgend möglich sollten Sie dabei vermeiden, Ihrem Klienten oder Kunden direkt gegenüberzusitzen. Eine solche Position unterbindet meist die gleichberechtigte Behandlung eines Themas. Sie „sitzen nicht in einem Boot", und die Unterredung hat eher den Charakter einer Auseinandersetzung, nicht einer echten Kooperation – selbst wenn dies in den meisten Fällen unbewusst ist. Gerade die typische Schalter-Position beispielsweise in Behörden zementiert Distanz und erschwert einen Vertrauensaufbau.

Schonen Sie Ihre Nerven! Wenn ein Raum mehrere Arbeitsplätze hat, ist die Gefahr eines sichtbaren Kabelgewirrs umso größer. Bündeln und kaschieren Sie deshalb konsequent und so ordentlich und systematisch wie möglich alle Versorgungsleitungen.

Die Face-to-face-Kommunikation bleibt ein unverzichtbarer Kernfaktor im Geschäftsleben. Aufbauend gestaltete, stärkende Räume verringern Anspannung und unbewusst auftretende Konflikte bei allen Diskussionen.

Das typische Großraumbüro am Ende der fünfziger Jahre – kommunikationsfördernd, aber ungeeignet zum Aufbau eines geschützten persönlichen Arbeitsterritoriums.

Großraumbüros und Gruppenbüros Die ursprünglich in sie gesetzten Erwartungen haben Großraumbüros nicht erfüllt. Der Vorteil grenzenloser Kommunikation ist in der Praxis in den Hintergrund getreten. Mitarbeiter, die stärker introvertiert sind, haben sowieso von vornherein geringere Neigung zu einer schnell als aufgezwungen empfundenen ständigen Interaktion mit Kollegen.

Noch gravierender ist es aber, dass Großraumbüros unter allen Büroformen das Urbedürfnis der Psyche nach einem eigenen Territorium – und sei dies noch so klein – am wenigsten erfüllen. Zwar kann durch die Individualisierung des eigenen Schreibtisches mit persönlichen Gegenständen eine minimale Abhilfe geschaffen werden. Dennoch erweisen sich die in Großraumbüros üblichen akustischen und visuellen Störungen besonders für introvertierte Menschen als Einschnitt in die Privatsphäre. Inwieweit die Psyche diese Beeinträchtigungen als Territoriumsverletzung ansieht, ist vor allem eine Frage der Häufigkeit. Selbst leise akustische Ablenkungen und geringfügige visuelle Veränderungen können Arbeitsrhythmen und Denkmuster unterbrechen und stören; ab einer bestimmten Häufigkeit wird konzentriertes Arbeiten immer schwieriger. Nach und nach entstehen Aggressionen, die sich in der Regel scheinbar auf ganz andere Themen beziehen, hinter denen sich aber unbewusste psychische Reaktionen auf die Territoriumsverletzungen verbergen. Selbst geringfügige Anlässe sind dann Auslöser für eigentlich gedankenlose gereizte Reaktionen.

Anfänglich wurde die Flexibilität in der Raumbelegung des Großraumbüros als Vorteil angesehen. Sie hat jedoch unvorhergesehene Schwierigkeiten mit sich gebracht. Beispielsweise geriet die Bürolandschaft mit locker angeordneten, von mobilen Trennwänden gekennzeichneten Bereichen in manchen Fällen zur „Stellwand-Burg". Diese unbewusste Verteidigungsmaßnahme dient aber lediglich dazu, ein legitimes morphisches Informationsfeld der Selbstdarstellung zu erzeugen, das Territoriumsverluste ausgleichen kann.

Von der Behinderung der Kommunikation und Transparenz einmal abgesehen, haben diese Reaktionen auch nachteilige Folgen für den Qi-Fluss. Mehr oder weniger planlos aufgestellte oder verschobene Trennwände durchkreuzen oder verstellen teilweise die Verkehrswege im Großraum, bewirken in vielen Fällen eine Qi-Blockade und verhindern dazu die Entstehung kreativer Kraftfelder des Erfolgs. Manchmal stellt sich dann das Gefühl ein: „Alles geht schief; mir fällt nichts mehr ein, aber ich weiß nicht, warum!" – eine zusätzliche psychische Belastung. Großraumbüros lassen sich nicht leicht retten. Am besten werden sie in flexible Kombi-Büro-

Ein Großraumbüro 25 Jahre später (1985) – die Technik hat Fortschritte gemacht, die psychologischen und energetischen Mängel sind geblieben.

Formen umgewandelt. Ist dies nicht möglich, so sollten zumindest territoriumsgerechte Raumgliederungssysteme wie Raum-in-Raum-Systeme verwendet werden.

Eine verkleinerte Form des Großraumbüros sind Gruppenbüros. Sie haben meist die Vorteile einer größeren Anzahl von Tageslicht-Arbeitsplätzen und der Fensterbelüftung zusätzlich zur Klimatisierung. Im Hinblick auf raumpsychologische Gesichtspunkte weisen sie jedoch ähnliche Probleme auf wie Großraumbüros. Sowohl für Gruppen- als auch für Großraumbüros gelten daher die folgenden Empfehlungen in gleicher Weise.

Überprüfen Sie den Qi-Fluss im Raum! Erhält das Büro genügend Vitalenergie, die im Raum gehalten wird, oder strömt sie sofort zu den Fenstern und ins Freie? Lassen sich die Arbeitsplätze so anordnen, dass ein harmonischer Qi-Fluss gewährleistet ist? Nutzen Sie die Raumgliederungssysteme zugleich als Lenkungswerkzeuge. Überlegen Sie, welche Arbeitsplätze wenig Qi erhalten und frischen Sie dort die Energie beispielsweise durch Pflanzen und Blumen auf. Eher zurückhaltend sind wir mit der Empfehlung, Wasserspiele oder Brunnen einzusetzen. Diese wären an sich hervorragend zur Qi-Auffrischung geeignet, allerdings bedarf ihre Positionierung der individuellen Überprüfung.

Ein schönes Beispiel für vermehrten Mut zur Farbe. Sinnvoll wäre eine leichte Abrundung der Schreibtischkante.

Entschärfen Sie die Kanten Ihres Schreibtisches, wenn diese auf andere Personen zielen. Verwenden Sie bevorzugt abgerundete Formen, die zugleich den Qi-Fluss harmonisch beeinflussen.

Verschaffen Sie den Arbeitsplätzen einen Rückenschutz und eine ausreichende Perspektive! Wählen Sie Raumgliederungselemente, die als Rückenschutz eingesetzt und entsprechend gestaltet werden können. Versuchen Sie allen Arbeitsplätzen gerecht zu werden und schaffen Sie gegebenenfalls ein gesondertes *Backing* durch Pflanzen.

Achten Sie auf die Form von Raumteilern: geschwungene Formen sollten überall da eingesetzt werden, wo sie der Qi-Lenkung dienen, während sich gerade oder nur leicht konkave Formen besser als *Backing* eignen. Werden sowohl geschwungene als auch gerade Formen verwendet, so ergibt sich als positiver Nebeneffekt die gleichzeitige Verwendung von Yin- und Yang-Akzenten. Gerade in Großraumbüros ist es nicht leicht, für einen ausreichenden Yin-Anteil zu sorgen, um Hektik, geschäftige Aktivität sowie relativ einförmige und starke Leuchtdichte auszugleichen. In dieser Hinsicht sind auch Hersteller von Büromöbeln gefordert, entsprechende Hilfsmittel sowie geschwungene, runde Formen und weiche Materialien anzubieten, die sich trotzdem gut in eine Büroatmosphäre einfügen.

Finden Sie zudem Raumgliederungssysteme, die flexibel in der Farbgebung sind und von den Mitarbeitern farblich noch akzentuiert werden können. Ist dies nicht möglich, dann suchen Sie Anbieter für Büroaccessoires in unterschiedlichen Farben, wie Tischunterlagen, Aktenordner, Ablagekörbe, Klammer- und Klebebandbehälter, Locher usw. So haben die Mitarbeiter die Möglichkeit, individuell Repräsentanten der sie stärkenden Elemente zu wählen, bei gleichzeitiger Homogenität des Einrichtungsstils.

Überprüfen Sie besonders die Beleuchtung – ein schwieriger Punkt (siehe auch Kapitel 5, S. 122 f.), der eigentlich immer professioneller Lichtdesign-Beratung bedarf. Das Licht muss den verschiedenen Normen und funktionalen Anforderungen entsprechen, darf nicht blenden, sollte nicht einförmig sein (Yin- und Yang-Lichtfaktoren!), möglichst eine individuelle Regelung erlauben und mit dem ständig wechselnden Tageslicht korrelieren. Zusätzlich muss der Lichteinfluss auf den Qi-Strom beachtet werden.

Vermeiden Sie unbedingt die Positionierung von elektronischen Geräten (wie Kopierer, Fax, Drucker) in der Mitte des Raumes. Dieser Platz gilt im übertragenen Sinn als sein Rückgrat; sein Zustand beeinflusst die offizielle Kommunikation und die informelle Informationsverbreitung im gesamten Büro. Alle gemeinsam genutzten Geräte werden am besten in einem separaten Raum untergebracht, um das Ausmaß an Elektrosmog möglichst gering zu halten. (Das Gleiche gilt übrigens auch in Kombibüros.) In vielen Fällen eignet sich der zentrale Bereich des Großraumbüros hervorragend dafür, eine auffrischende Qi-Insel anzulegen. Dies kommt sowohl allen Mitarbeitern als auch dem Geschäftserfolg zugute!

Kombi-Büros

Die Entwicklung des Kombi-Büros aus dem Gruppenbüro erfolgte zuerst in Skandinavien. Das Kombi-Büro bietet derzeit im Hinblick auf die Funktionalität, Flexibilität und raumpsychologischen Faktoren von allen Büroformen am meisten Vorteile. Es kommt den unterschiedlichen psychischen Strukturen der Beschäftigten entgegen und ermöglicht sowohl Teamarbeit als auch konzentrierte Einzelarbeit.

Das Kombi-Büro sieht für fast jeden Mitarbeiter einen eigenen Arbeitsraum vor, der durch eine Glaswand optisch mit dem großen Mittelbereich – dem Multiraum, Marktplatz oder Forum – verbunden ist. Dieser Mittelbereich steht für die Kommunikation und gemeinsam genutzte Funktionen (Postverteilung, zentrale Information, informelle Meetings, Teamarbeitszonen usw.) zur Verfügung.

Relative Ungestörtheit sowie die individuelle Markierung des eigenen Territoriums sind Merkmale der kleineren Einzel-Arbeitsräume. Hinzu kommt die Möglichkeit personenbezogener Regelung von Lüftung, Klimatisierung und Beleuchtung *(Personal Environmental Control)*. Auf der anderen Seite darf die visuelle Ablenkung durch die Glaswände zum Multiraum hin nicht unterschätzt werden. Es ist daher empfehlenswert, die Glaswände mit Jalousien zu versehen (oder – allerdings sehr kostenintensives – elektrisch anpassbares Glas wie beispielsweise „Privalight" zu installieren, das möglicherweise allerdings die Elektrosmog-Intensität erhöht), damit sich die Mitarbeiter in Zeiten erhöhter Konzentration besser gegen Störungen abschirmen können. Das Bedürfnis hierzu wird je nach der Typologie, das heißt einer eher extravertierten oder introvertierten Grundeinstellung des Mitarbeiters, unterschiedlich sein.

Verkehrswege sind prinzipiell in die allgemeine Nutzung des Multiraumes integriert, sodass ungünstige lange, gerade und eventuell ungenügend beleuchtete Korridore entfallen. Der Qi-Fluss kann durch entsprechend geschwungene Strukturierung und Einrichtung des Multiraumes günstig gelenkt werden. Kleine Besprechungs- wie auch Entspannungszonen eignen sich hervorragend zur Einrichtung von Qi-Inseln mit Pflanzen, Wasserspielen oder Info-Ständen.

Bereits bestehende Bürogebäude mit anderen Strukturen lassen sich relativ leicht in Kombi-Büros umwandeln. Hierbei besteht eine ausgezeichnete Gelegenheit, raumpsychologische Gesichtspunkte in Bezug auf Formen, Energien, Farben, Einrichtung und Dekorationen zu berücksichtigen.

Die wesentliche Herausforderung besteht darin, die Einzelbüros und den gemeinsamen Mittelbereich raumpsychologisch aufbauend und ansprechend zu gestalten. Vergleichen Sie einmal den typischen, organisch gewachsenen Marktplatz alter Städte mit der „Betonarena" moderner Fußgängerzonen. Wo fühlen sich die Menschen wohler? Leider wird aufgrund der Yang-Sucht unserer Zeit vermehrt extrem geradlinig und geometrisch geplant. Die alten Marktplätze mit ihrem gelungenen Gemisch aus Yin- und Yang-Faktoren könnten sehr gut analog als Vorbild für die Gestaltung eines Multiraumes im Kombi-Büro herangezogen werden!

Stellen Sie sich zur Belebung Ihres Forums die Fragen, was an den alten Plätzen so faszinierend ist und wie sich diese Faktoren im übertragenen Sinne auch für den Multiraum umsetzen lassen. Wie können Sie hier zum Beispiel eine attraktive Qi-Insel schaffen und leicht geschwungene Formen sowie auflockernde Abwechslung integrieren?

Mit der Lichtgestaltung bietet sich ferner eine hervorragende Möglichkeit an, den Multiraum zu einem wirklichen Forum zu machen, das die Menschen anzieht. Die den funktionalen Ansprüchen entsprechenden unterschiedlichen Leuchtdichten sollten am besten mit den Tageszeiten variieren. Das sich ständig verändernde Tageslicht ist ein wunderbares Grundelement für lebendige Raumumgebungen. Denken Sie auch immer wieder daran, dass Licht das Qi lenken kann. Versetzt angebrachte, indirekte Leuchten an Stützpfeilern können die Vitalenergie harmonisch und langsam mäandern lassen. Die Beleuchtung kann kleine, scheinbar abgeschlossene Räume schaffen, verteilt angebrachte Bodenleuchten können für Lebendigkeit sorgen und Strukturen plastisch hervortreten lassen.

Falls dies technisch möglich ist, sollten auch größere Bürogeschosse stützenfrei, also nicht durch tragende Strukturen unterbrochen sein.[39] Abgesehen von der resultierenden größeren Flexibilität bilden Stützen, selbst wenn sie abgerundet sind, in vielen Fällen Hindernisse für den Qi-Strom.

Eckige Pfeiler weisen immer angreifende Kanten auf. Es sollte selbstverständlich sein, dass sich Sitz- und Verweilpositionen nicht in ihrer Ziellinie befinden. Schränke sind am besten grundsätzlich geschlossen, so dass Borde nicht zu „schneidenden Messern" werden.

Ob Multiräume anmuten, entgegenkommend wirken und in feiner Abstimmung von Durchlässigkeit und Geschlossenheit als notwendiges

„Gefäß" für das morphische Informationsfeld der Corporate Identity dienen können, hängt auch von aufbauenden und motivierenden Dekorationen und Accessoires sowie den verwendeten Materialien und Farben ab. Es darf niemals zweitrangig sein, welche Einrichtung dafür gewählt wird und welche Botschaften davon ausgehen!

Individuell gestaltetes Kombi-Büro – ein Konzept, das sich flexibel an veränderte Anforderungen der Geschäftswelt anpassen kann und zugleich mannigfaltige raumpsychologische Optimierungsmaßnahmen zulässt. (Arthur Andersen, London, BDG McColl Workplace)

Innovative Arbeitsplätze

Technologische Innovationen, die Notwendigkeit der Kostenoptimierung, die Verkürzung von Zeitabläufen im Wirtschaftsleben und gesellschaftliche Veränderungen bringen neue Arbeitsweisen mit sich. Desk Sharing (Arbeitsplatznutzung durch mehrere Mitarbeiter), Hot Desking (Arbeitsplatznutzung mit mehrmaligem täglichem Wechsel), Job Sharing (zwei oder mehr Mitarbeiter sind nacheinander an einem Projekt und zugehörigem Arbeitsplatz beschäftigt), Mobile Working (Tätigkeit ohne festes Büro unter Nutzung moderner Kommunikations- und Informationstechnologie) und virtuelle Arbeitsplätze ohne feste räumliche oder zeitliche Bezugspunkte sind nur einige Begriffe für die aktuellen Bürotrends, auf die wir im Folgenden eingehen.

Home Office und Telearbeit

Die Idee, zu Hause zu arbeiten, hat für viele Menschen einen besonderen Reiz. Die Frage nach den Ursachen ergibt meistens zwei Antworten: Unzufriedenheit mit der Büroumgebung und die Erwartung, dass die Arbeit zu Hause bequemer und durch den Wegfall der Fahrstrecken Zeit sparender sei.

Arbeitgebern erscheint es so attraktiv, entsprechende Büromieten und Einrichtungskosten zu sparen, dass 20 Prozent der rund 225 000 deutschen Unternehmen bis zum Jahr 2001 Telearbeit einführen wollen.[40] Entscheidend wird dafür sein, inwieweit der Vorteil geringerer Raumkosten gegenüber dem Nachteil einer möglichen geringeren Produktivität der Arbeit zu Hause ins Gewicht fällt.

Untersuchungen zeigen nämlich, dass am Heimarbeitsplatz im Durchschnitt weniger konzentriert und weniger produktiv gearbeitet wird als am traditionellen Büroschreibtisch.[41] Gleich ob es sich um das Home Office eines Selbstständigen oder um den Tele-Arbeitsplatz eines Angestellten handelt: vom raumpsychologischen Standpunkt aus bestehen für beide Arbeitsplätze gleiche Herausforderungen und Lösungen.

Vor allem ist es für die Psyche gar nicht leicht, die Bereiche Wohnen und Arbeiten ausreichend zu trennen. Das eigene Heim wird von uns als Zufluchtsort und Synonym für Entspannung und Regeneration betrachtet. Wir sind an den Wechsel zwischen „aus dem Haus gehen und arbeiten" sowie „nach Hause kommen und entspannen" so gewöhnt, dass das Betreten unserer Privaträume die tief gehende Signalwirkung Erholung, Ruhe, Privatsphäre auslöst, die wie der Pawlowsche Effekt wirkt.[42] Zutreffend

In den neuen „Wohn-Büro-Welten“ finden zunehmend kontrastierende Elemente aus der Wohnumgebung Einlass. Die Atmosphäre kann auf diese Weise leichter entspannt, ein allzu nüchternes Ambiente vielfältiger gestaltet werden. (Gebäude von Hoofd Seghers Engineering, Klein Willebroek, Belgien; Samyn and Partners, Brüssel)

Wohn- und Arbeitsbereich sind nicht getrennt. Damit vermischen sich die beiden energetischen Felder, und Effizienz wie Qualität der Arbeitsergebnisse werden leicht beeinträchtigt.

wird dieser Wechsel einem zweiten Biorhythmus gleichgesetzt, den wir erst überwinden müssen, wenn wir zu Hause arbeiten wollen.[43]

Abgesehen davon erweist sich oft die Ablenkung durch den Haushalt („Ich könnte doch schnell mal dies erledigen …") sowie durch die Familie („Kannst du mal eben kommen?") als massive Störung. Hinzu kommt die häufig unprofessionelle – eben heimische – Gestaltung des Arbeitsplatzes. Treffende Worte über diese Situation lauten: „Die Lebensqualitäts-Zuwächse verheißenden Freiräume im Heimbüro sind ebenso unleugbar wie die ‚arbeitsverhindernde' Situation in heimisch-handgestrickten Kruschtelschreibtischecken."[44]

Zum erfolgreichen Arbeiten zu Hause muss die spezifische Energie der Privatsphäre durch ein arbeitstechnisch neues, verändertes morphisches Informationsfeld ausgetauscht werden: das Home Office. Dies erfordert eine nicht zu unterschätzende Anstrengung! Neben der finanziellen Investition bedarf es vor allem sehr viel eigener psychischer Energie, erhöhter Eigenverantwortung und ausreichender Disziplin. Nur wenn dieser Einsatz geleistet wird, haben Heimarbeitsplätze in Bezug auf Effizienz und Produktivität eine Chance, langfristig gegenüber den traditionellen Büroarbeitsplätzen zu bestehen.

Auch das Wegfallen des physischen Kontaktes zu den Kollegen und der damit verbundenen Kommunikation mit ihnen kann zur effizienzmindernden Belastung werden. Hinzu kommt die Verminderung der Identifizierung mit dem Betrieb, das mangelnde Gefühl der Betriebszugehörigkeit. Bei einer eher extravertierten als introvertierten Grundeinstellung eines

Es gibt intelligente Gestaltungslösungen für die Verbindung von Wohnen und Arbeiten. Dennoch: Computerarbeit einerseits sowie Candlelight Dinner andererseits erschweren das Auseinanderhalten der Sphären und behindern konzentriertes Arbeiten. Empfehlenswert auf jeden Fall: ein Paravent, durch den der Arbeitsbeziehungsweise Wohnbereich jeweils verdeckt wird.

Menschen können derartige Auswirkungen noch unangenehmer und bedrückender erscheinen.

Außerdem ist es ein bekanntes Phänomen, dass viele Menschen die Schwierigkeiten, die sie auf eine bestimmte Umgebung, einen bestimmten Mitarbeiter oder Vorgesetzten zurückführen, „mit sich nehmen“, wenn sie die Umwelt, die Kollegen oder den Chef wechseln. Nach einiger Zeit treten gleiche oder analoge Schwierigkeiten von neuem auf, weil den äußeren Veränderungen keine innere Neuausrichtung zur Seite getreten ist. Hieraus folgt, dass eine vielleicht erhoffte Verminderung der in der Büroumgebung bestehenden Probleme nicht in jedem Fall anschließend am Heimarbeitsplatz tatsächlich eintritt.

Es ergeben sich folgende Empfehlungen, die gleichermaßen für das Home Office von Freiberuflern wie für Telearbeit oder alternierende Telearbeit von Angestellten gelten. (Durch die Globalisierung der Arbeit wird gerade die alternierende Telearbeit, bei der abwechselnd zu Hause und im Unternehmen gearbeitet wird, zunehmen. Wer oft mit Kollegen oder Geschäftspartnern zusammenarbeitet, die sich in ganz anderen Zeitzonen befinden, kann dies bisweilen nur vom häuslichen Büro aus erledigen.)

Teilen Sie Ihren Arbeitstag exakt ein! Trennen Sie rigoros die Arbeitszeit von der Frei- oder Wohnzeit (Kochen, Schlafen, Saubermachen). Setzen Sie sich also selbst klare Bürozeiten mit festgelegten Pausen. Überlegen Sie sich genau, wann und aus welchen Gründen Sie von diesem Modus abweichen dürfen. Tun Sie dies jedoch bewusst dann, wenn Ihnen eine kurze Ruhepause zum „Aufladen der Batterien“ verhilft, sodass Sie mit mehr Kreativität und Energie an Ihre Aufgaben zurückkehren können. Aber gehen Sie sehr bewusst und diszipliniert mit dieser Freizügigkeit in Bezug auf Ihre Zeiteinteilung um! Sie sind jetzt Ihr eigener Chef; im übertragenen Sinn müssen Sie „zwei Hüte“ tragen, den des Angestellten und den des eigenverantwortlichen Unternehmers!

Kleiden Sie sich während der Arbeitszeit büromäßig. Oder tragen Sie in jedem Fall ein anderes Outfit als während der Frei- und Wohnzeiten. Dies hilft Ihnen beim Aufbau des morphischen Kraftfeldes Büro.

Richten Sie Ihr Büro nicht in einer abgelegenen Ecke des Hauses oder der Wohnung ein – und wenn irgend möglich nicht im Keller. Auch ein Arbeitszimmer im Souterrain ist nicht optimal! Diese Hausbereiche befinden sich im übertragenen Sinne im Lagerbereich des Hauses, in seinem Unbewussten. Eine Positionierung des Büros im Keller oder Souterrain erschwert deshalb eine zukunftsgerichtete kreative und erfolgreiche Tätigkeit. Geht es nicht anders, dann achten Sie besonders auf Qi-Auffrischun-

Rechte Seite: Gelungene Kombination für einen Kleinstarbeitsplatz: die Schreibtischflächen öffnen sich freundlich zum Menschen hin. Yucca-Palmen sollten jedoch nicht in die Nähe des Arbeitsplatzes gestellt werden.

Ein Kleinstarbeitsplatz für Daytrader? Vorsicht, nicht abheben: der Sitz schwebt in der Luft, die „Erdung" fehlt, die Realitätsbezogenheit könnte darunter leiden.

gen und auf ausreichend helle (aber nicht grelle!) Beleuchtung. Setzen Sie mit diesem Lichtakzent bewusst einen Ausgleich zur Yin-betonten Positionierung Ihrer Arbeitsstätte „unter der Erdoberfläche".

Trennen Sie konsequent und eindeutig zwischen Arbeits- und Wohnräumen! Verlangen Sie auch von Ihren Familienmitgliedern, dies zu respektieren. Sorgen Sie ferner aus Gründen der bewussten Abgrenzung für zwei getrennte Telefonleitungen. Verwenden Sie zweierlei Visitenkarten und bringen Sie zwei unterschiedliche Türschilder an, um das Büro vom Privatbereich zu trennen. Installieren Sie wenn möglich zwei Hausklingeln.

Wohnen Sie in einem Ein-Zimmer-Appartement, dann sollten Sie auch hier für eine eindeutige Trennung zwischen Wohnzeiten und Arbeitsperioden sorgen. Die Anschaffung eines zuklappbaren Möbelstücks, das alle Arbeitskomponenten aufnehmen kann, ist zu empfehlen. Am Ende eines Arbeitstages sollten Sie sehr gründlich lüften und den Elektrosmog im Raum mittels der Sprühmethode vermindern (siehe Kapitel 5, S. 127).

Generell sollten Computermöbel abgerundete Kanten haben. Achten Sie auch darauf, dass nicht eine dünne, ausziehbare Ablagefläche für das Keyboard wie ein Messer in Ihren Oberkörper schneidet.

Wenn Sie den ganzen Tag zu Hause arbeiten, dann sollten Sie es oft genug verlassen. Nehmen Sie bewusst Ihr Essen außerhalb ein. Scheuen Sie nicht den Weg zur Post und Bank oder zu anderen Dienstleistern, um konsequent das Gefühl des „Gefangenseins" zu vermeiden.

Achten Sie generell auf ausgezeichnete Lüftung sowie auf ständige Qi-Auffrischung. Stellen Sie viele frische Blumen auf.

Berücksichtigen Sie unsere Hinweise zur Positionierung des Schreibtisches (siehe Kapitel 5, S. 116 f.). Versuchen Sie, in der für Sie stärkenden Himmelsrichtung zu arbeiten. Achten Sie so weit wie möglich auf günstige Feng Shui-Maße. Kaufen Sie sich einen ergonomisch hervorragenden, ästhetisch ansprechenden Schreibtischstuhl in Farben, die Sie energetisch stärken.

Schaffen Sie sich ein solides *Backing* und eine aufbauende, inspirierende Perspektive!

Und achten Sie besonders auf Ordnung! Halten Sie Ecken und Fußböden frei, damit dort Energie fließen kann. Der Bereich Ordnung betrifft im übertragenen Sinne den freien Fluss des Qi in den Adern Ihres Hauses und damit Ihre Karriere! Vollgestellte Flure oder Räume entsprechen verstopften Adern und Blutgefäßen. Das Bemühen um klare Strategie und strukturierte Geschäftsprozesse – gleich ob im Home Office oder im Haupt-Verwaltungsgebäude eines Global Players – wird durch jegliche

Nach der Bürozeit wird der Arbeitsplatz durch eine Rolltür verdeckt – Botschaft an das Unbewusste zum „Umschalten" auf Wohnzeit, Freizeit und Entspannen.

Unordnung und Ansammlung unnötigen Ballasts unterminiert. Wird dieser entsorgt, so steht für neue Gedanken und Projekte sofort mehr Energie zur Verfügung.

Falls irgend etwas in Ihrem Haus nicht funktioniert oder kaputt ist, sollten Reparaturen immer so schnell wie möglich durchgeführt werden. Leckt beispielsweise ein Wasserhahn, dann leiden Sie im übertragenen Sinn stets an einem Energie- und Erfolgs-Leck!

Eine mögliche Lösung für die angedeutete Problematik von Home Office und Telearbeit könnte eine neue Büroform bedeuten: das *Local Working Office* (LWO) – in anderen Terminologien Nachbarschaftsbüro, Remote Office oder auch Satellite Office genannt. Das LWO ist eine kleine, dezentrale Büro-Einheit für Telearbeiter an der Peripherie der Ballungsräume, idealerweise jeweils in der Nähe der privaten Wohnungen der Beschäftigten. Ein ökologischer Nebeneffekt besteht darin, dass die Telearbeiter des LWO den Weg zum innerstädtischen City-Büro vermeiden. Damit verringert sich die Verkehrsdichte während der Rush Hour. Das LWO könnte unter der Voraussetzung günstiger raumpsychologischer Bedingungen zu einem erfolgreichen Zukunftsmodell werden.

Call-Center Schätzungen zufolge arbeiten in Deutschland bereits etwa 185 000 Beschäftigte in Call-Centern.[45] Call-Center haben den Zweck, kommunikationsintensive Geschäftsprozesse – wie zum Beispiel Marketing, Beratung oder Verkaufsabwicklung – effizienter zu bewältigen.

Obwohl diese Büroform erst seit wenigen Jahren existiert, bietet sie gegenüber älteren Bürostrukturen in Bezug auf die Arbeitsbedingungen kaum Fortschritte. Im Gegenteil, gerade Call-Center-Beschäftigte klagen über psychosomatische Beschwerden, unterliegen allerdings bei ihrer Tätigkeit einem erheblichen psychischen Druck. Dabei macht es keinen Unterschied, ob es sich um ein firmeneigenes Inhouse-Call-Center oder um ein ausgelagertes, „outgesourctes" Call-Center handelt, ob der Schwerpunkt eher auf ankommenden oder auf hinausgehenden Telefonaten liegt.

Jeder Call Agent bewältigt bis zu 250 Anrufe täglich, muss dabei gleichmäßig freundlich bleiben und auch damit zurechtkommen, dass er keinerlei visuellen und energetischen Kontakt mit dem Gesprächspartner hat. Dies bedeutet, dass die vielfältigen Botschaften entfallen, die sonst durch unsere körperlichen und feinstofflichen Sensoren aufgenommen werden und adäquate Reaktionen unterstützen. Ständig ausschließlich über die Schnittstelle Ohr zu kommunizieren erzeugt eine nicht geringe psychische Bedrängnis.

Hinzu kommen extra Belastungen: in vielen Fällen durch die Warteschleife verärgerte Kunden beschwichtigen zu müssen und die Anrufe auch nicht selber aufnehmen zu können, sondern sie quasi fremdbestimmt automatisch auf den Kopfhörer geschaltet zu bekommen. Natürlich drängt sich hierbei wie von selbst der Vergleich zum frühesten Fließbandmodell auf.

Der bisherige Ansatz zur Verbesserung der Arbeits- und Ergebnisqualität liegt in entsprechenden psychologischen Schulungen und Motivationskursen. Teilweise erhalten die Call Agents aber auch eine erweiterte Ausbildung, um schwierigere Fragen selbst beantworten zu können, anstatt sie wie bisher an die Back Offices weiterleiten zu müssen. Dies fordert den Beschäftigten und unterbricht die Monotonie seiner Tätigkeit.

Aber es lässt sich noch weit mehr tun. Vor allem ist Flexibilität der Einrichtung notwendig! Die geforderte hohe Anpassungsfähigkeit der gesamten Call-Center-Struktur schließt am besten auch den einzelnen Arbeitsplatz bewusst ein. Jeder Call Agent sollte die Möglichkeit erhalten, ein eigenes, persönlich stärkendes morphisches Informationsfeld aufzubauen, um – ähnlich wie beim Desk Sharing – das Bedürfnis der Psyche nach einem individuellen Territorium zu unterstützen.

Hierfür wäre es wertvoll, den Beschäftigten im Call-Center in Bezug auf Gestaltung, Form und Farben ihrer Arbeitsplätze Wahlmöglichkeiten

Call-Center mit wabenförmigen Arbeitsplätzen. Die Verzahnung der Arbeitsinseln lässt Kommunikation zu, die Stellwände sind zur Geräuschdämmung mit Textil bespannt. Die Technik ist zum größten Teil in den Tischen untergebracht und verdeckt.

anzubieten. Sicher ist es unkonventionell, bei der Einrichtung eines Call-Center überhaupt in Erwägung zu ziehen, dass nicht alle Arbeitsplätze unbedingt gleich aussehen müssen. Aber auch die Natur ist farbenfroh, die Menschen sind verschieden, und einer kreativen vielgestaltigen Form (die selbstverständlich nicht unruhig oder gar chaotisch wirken darf!) steht im Grunde lediglich die Neigung von Herstellern und Einrichtern zur Normung entgegen. Die Kosten? Bedenken Sie immer, dass die Einrichtungskosten von Arbeitsplätzen ganz erheblich niedriger sind als die Gehaltskosten, dass es aber wesentlich von der Einrichtung abhängt, inwieweit Arbeitsleistung und Erfolg die Personalkosten rechtfertigen.

Als Einrichter achten Sie am besten bereits bei der Planung auf weitmögliche Einhaltung der günstigen Feng Shui-Maße. Als Entscheider oder Beschäftigter sollten Sie – ähnlich wie beim Großraumbüro – einen Büromittelhersteller finden, der die Bürohilfsmittel in unterschiedlichen Farben anbietet. Können die von den Call Agents verwendeten Informationsordner individuell in unterschiedlichen Farben gewählt werden? Lassen sich an den Trennwänden vielleicht sogar einzeln wählbare Folien in den Farben des *Fünf-Elemente-Systems* anbringen oder herausziehen?

Verwenden Sie schalldämmende Abtrennungen, die zum Teil Glaselemente enthalten, um einen leichteren visuellen Kontakt der Beschäftigten untereinander zu ermöglichen.

Können die unterschiedlichen günstigen Richtungen der Beschäftigten berücksichtigt werden? Hierfür wäre eine stern- oder blockförmige Anordnung geeigneter als die übereinstimmende Reihung oder „Klappung“ aller Boxen. Die eventuell bei der Sternform auftretenden ergonomischen Probleme in Bezug auf reflektierende Bildschirme und geringere akustische Abschirmung müssen dann allerdings beispielsweise durch Lichtschutz und schallschluckende Elemente gelöst werden. Höherer anfänglicher Aufwand wird in aller Regel durch anschließende größere Flexibilität der Sitzrichtungen und entsprechend bessere Arbeitsqualität ausgeglichen.

Lassen Sie ein Konzept für eine Beleuchtung erstellen, deren Art und Technik einerseits individuell für den gesamten Arbeitsraum wie für den einzelnen Arbeitsplatz ausreicht und damit alle funktionalen und ergonomischen Anforderungen erfüllt. Andererseits sollte das Beleuchtungskonzept zusätzlich das Yin-Yang-Verhältnis einbeziehen, das heißt eine sinnvolle Differenzierung der Leuchtdichte vorsehen, und psychologische Gesichtspunkte berücksichtigen wie zum Beispiel konsequente Blendfreiheit.

Gerade in Call-Centern besteht das Problem der Verkabelung, und gerade hier ist es wichtig, unnötige Nervosität durch Kabelgewirr zu vermeiden! Verbergen Sie also konsequent alle Kabel.

Die Verkehrswege sollten eher geschwungen als geradlinig geplant werden. Auch eine geschwungene Form der Einrichtungselemente könnte vorteilhaft sein und insbesondere angreifende *Qi-Pfeile* verhindern.

Die ausreichende Positionierung auffrischender *Qi-Inseln* – wie zum Beispiel Pflanzenzonen – hat einen bedeutenden Einfluss auf das Energieniveau im Call-Center. Vor allem leise sprudelnde Wasserspiele können zusätzlich einen ausgleichenden, entspannenden Gegenpol zu den Yang-betonten, hektischen Spannungsfeldern im Raum sein.

Als Call Agent bauen Sie sich Ihr eigenes Territorium auf, indem Sie für die Dauer Ihrer Anwesenheit ein oder zwei Gegenstände vor sich auf die Arbeitsfläche stellen, die Sie bewusst im Hinblick auf eine symbolische Stärkung ausgesucht haben. Wahrscheinlich werden Sie bei dem Gedanken schmunzeln, eine Art Maskottchen mit sich zu tragen. Haben Sie aber ein für Sie persönlich aussagekräftiges Symbol gefunden, dann werden Sie laufend durch eine stärkende Botschaft von Ihrem Unbewussten unterstützt.

Wie sieht es mit Ihrer Perspektive aus? Versuchen Sie, vor sich einen aufbauenden Ausblick (möglichst mit einem interessanten Erfolgsaspekt) zu gestalten! Und in welcher Form lässt sich ein *Backing* erzeugen? Als Call Agent sollten Sie nicht ständig durch eine unbewusste Schutzhaltung gegenüber etwaigen Angriffen von hinten Energie verlieren. Achten Sie daher mindestens auf einen Stuhl mit hoher Rückenlehne und die übrigen Empfehlungen zum Rückenschutz (siehe Kapitel 5, S. 117).

Der Business-Club Der aus Amerika stammende Business-Club hat sich eigentlich aus dem Kombi-Büro heraus entwickelt. Bei diesem Konzept wird die noch relativ einheitliche Struktur des Kombi-Büros weitgehend aufgelöst, um eine Vielfalt von Arbeitsszenarien zu ermöglichen.

Der Business-Club weist neben wenigen Zellenbüros sehr unterschiedliche Arbeits- oder besser Denkplätze auf, wie teilweise offene Denk-Kojen, Business-Lounges, Konferenzräume, Informations- und Studienplätze, Telekommunikations-Stationen beziehungsweise Video-Konferenzräume, Team-Bereiche, Ruhezonen und Repräsentationsflächen. Die Anzahl der Beschäftigten ist generell größer als die Anzahl der eingerichteten Arbeitsplätze. Denk-Kojen werden nach dem Prinzip „first come first served" belegt, während die Zellenbüros über ein Reservierungssystem vergeben werden.

Vorteile des Business-Club sind einerseits die extreme Flexibilität, andererseits die (aufgrund der geringeren Anzahl der einzurichtenden Arbeitsplätze) niedrigeren Kosten, die allerdings durch die aufwändige Gestaltung der differenzierten Gemeinschaftszonen wieder zunehmen. Der Business-Club ähnelt einer zwanglosen Wohn-, Informations- und Kommunikationslandschaft, in der „nebenbei" auch (erfolgreich) gearbeitet werden soll – weit entfernt vom belegorientierten Datenverarbeitungsplatz der Büro-Frühzeit.

Hierbei wird die ausreichende Reife des „zunehmend weniger verwalteten und zunehmend befähigteren Beschäftigten"[46] vorausgesetzt, bei weit-

Der Business-Club: ultra-flexible Ideenschmiede. Für anhaltend erfolgreiches Arbeiten nur geeignet, wenn raumpsychologischen Anforderungen genügend Aufmerksamkeit geschenkt wird. (Ehemalige Büroräume DIGITAL EQUIPMENT, Helsinki, Finnland.)

gehender zeitlicher und räumlicher Autonomie hervorragende Arbeitsergebnisse zu liefern. Planer und Einrichter haben die Chance, für die solchermaßen qualifizierte Mitarbeiterschaft ästhetisch anspruchsvolle, technologisch weit vorausgreifende und raumpsychologisch wertvolle Arbeitsplätze zu schaffen.

Ein Nachteil des Business-Club (zumindest aus heutiger Sicht) besteht darin, dass er eine Umorientierung der psychologischen Bedürfnisse voraussetzt. Ist unsere Psyche bereit für Arbeitsplatzstrukturen, in denen Sicherheit und Identifikation nicht mehr oder kaum noch auf einem räumlichen Territorium beruhen? Wie viel Freiheit vom Arbeitsplatz, von Arbeitsstunden und von Statussymbolen können wir vertragen? Kann allein die berufliche Qualifikation genügend Sicherheit für die Psyche bieten, damit wir uns im Business-Club „rundum wohl fühlen" – auch über die Faszination der Anfangszeit hinaus? Viel versprechend lautet das Ziel: „Der Verzicht auf den statusorientierten Arbeitsplatz wird durch Erfolg und Anerkennung kompensiert!"[47]

Ein gut funktionierendes derartiges Konzept ist wohl am ehesten in Einzelfällen möglich, insbesondere wenn Architekt und Einrichter intuitiv oder wissentlich die Voraussetzungen für einen harmonischen Qi-Fluss und insgesamt aufbauende unbewusst wirkende Botschaften geschaffen haben. Unter anderen, ungünstigeren Umständen besteht aber im Business-Club die Gefahr, dass es schließlich „viele Häuptlinge, aber kaum Indianer" gibt.

Ein guter Ansatzpunkt ist dabei sicherlich, dass die Beschäftigten selber erheblichen Einfluss auf die Gestaltung ihrer Arbeitsplätze erhalten sollen. Dennoch ist es nur eine Annahme, dass der Business-Club dadurch für jeden Einzelnen eine ausreichende persönliche Note bekommt, sodass als Konsequenz keine persönlichen Accessoires zur Identifizierung und Kennzeichnung seines morphischen Feldes mehr notwendig sind.

Wir möchten dies bezweifeln. Wie steht es mit Beschäftigten, die keine Möglichkeit hatten, der Planung des Business-Club ihren eigenen Stempel aufzudrücken? Reichen allein gemeinsame Visionen und persönliche Erfolge aus, dass sie sich am Arbeitsplatz zu Hause fühlen und anhaltend leistungsfähig sind?

Dies erscheint kurzfristig fraglich. Wie bei anderen avantgardistischen Bürostrukturen sollte daher auch in Bezug auf den Business-Club überlegt werden, wie der Keim eines beweglichen individuellen Territoriums zumindest symbolhaft zur Verfügung gestellt werden kann, um einem ungewollten und unbemerkten (sowie geschäftsschädigenden) Sicherheitsverlust vorzubeugen.

„Your office is where you are" – der Traum, wo immer Sie möchten, in reiner Luft und mit überwältigender Aussicht zu arbeiten, bleibt oft Utopie.

Virtuelle Arbeitsplätze Wenn der Business-Club bereits das Territorium des Mitarbeiters in Frage stellt, so gehen virtuelle Arbeitsplätze noch einen Schritt weiter.

„Das Büro ist ein ‚Unort' geworden. Gearbeitet wird, wo gelebt wird, gelebt wird, wo gearbeitet wird."[48] Diese Worte drücken einen Trend aus, mit dem die Büroplanung der Zukunft ihre größte Herausforderung erlebt. Schon drängt sich die Frage auf: Kommt das Ende des Büros? Vielleicht wird die Büroplanung sogar überflüssig, wenn „die Informations- und Kommunikationsdienstleistungen, die heute (noch) in so genannten ‚Büros' produziert werden, nun irgendwoher von nomadenhaften Karawanen ‚outgesourcter' Telearbeiter bereitgestellt werden".[49]

Wird das Büro der Zukunft weder eine feste Struktur noch feststehende Aufgaben haben, sondern lediglich ein *Personal Harbour* genannter Umschlagsplatz von Informationen sein? Wird es somit zum „amorphen Gebilde", strukturlos und kaum noch als Büro erkennbar, mit dem einzigen Kennzeichen des Internetzugangs?[50]

Diese mögliche Konsequenz des technologischen Fortschritts ruft bei Vielen Ratlosigkeit hervor: noch nie gab es so wenig Verlässlichkeit, welche Form und Struktur unternehmerische, kreative und administrative Tätigkeiten zukünftig annehmen werden. Eine eher vorsichtige Bewertung ist dabei durchaus angebracht.

Vor allem hat sich bereits gezeigt, dass die Einführung avantgardistischer, innovativer Büroformen auf zum Teil unerwartet starken Widerstand von Seiten der Betroffenen stößt. Oft erfordern die in den Planungen scheinbar so optimalen Büroformen zu ihrem Funktionieren nämlich auch den optimalen Mitarbeiter, das heißt einen Menschen, der kerngesund, topfit und energetisch stark ist, jemanden, der sich gegen die ständige Reizüberflutung und Hektik unserer Zeit ausreichend abzugrenzen vermag und der zudem über ein ausgezeichnetes Selbstwertgefühl und eine anhaltende ebensolche Ich-Stärke verfügt. Wie viele solche Mitarbeiter finden Sie in der Praxis?

Und bedenken Sie eines: Die Psyche des Menschen ist nicht virtuell! Auch „outgesourcte Telearbeiter" werden für wirklich kreative und wertschöpfende Arbeitsergebnisse auf die Dauer nicht nur ein eigenes Territorium, sondern auch ein sie stärkendes *Laboratorium* benötigen. Mit diesem Terminus wurde in der mittelalterlichen Alchemie ein fest umgrenzter Raum bezeichnet, der als notwendige Voraussetzung für Konzentration, einen entspannten, leistungsfähigen Gemütszustand und die Umsetzung schöpferischer Ideen galt.

Die Praxis zeigt, dass Mitarbeiter an nicht-territorialen Arbeitsplätzen nach einiger Zeit völlig unbewusst ihr Territorium an anderen Orten aufbauen. Persönliche Unterlagen und Gegenstände werden dann nicht mehr, wie vorgesehen, in „Karts" oder „Stow Aways" (mobile Bürokomponenten, die einen Laptop, Büromaterial und Platz für Unterlagen enthalten) am Arbeitsort aufbewahrt, sondern beispielsweise einfach nach Hause mitgenommen. Doch auch hier existiert im Regelfall kein arbeitstaugliches *Laboratorium.*

Gleichgültig welche Büroform für welchen Zeitraum eingerichtet wird, die menschliche Psyche wird sich in ihren Bedürfnissen nicht ändern. Einsicht in diese Problematik deuten die folgenden Worte an: „Architekten und Büromöbelhersteller [werden sich] der Herausforderung stellen müssen, imaginäre Arbeitsräume im virtuellen Raum zu schaffen, der Herausforderung, individuelle Arbeitsplätze in gemeinschaftlich genutzten Systemen glaubhaft zu simulieren. [...] Und möglicherweise werden nur die Unternehmen, denen es mit Hilfe einer neuen ‚mentalen Architektur' gelingt, Identität im materielosen Raum zu kreieren, langfristig von den Vorteilen der entorteten Arbeit profitieren".[51] Es wird also immer ein *Laboratorium* vorhanden sein müssen.

Und es muss immer Orte geben, an denen Menschen miteinander (face-to-face) kommunizieren – selbst wenn ausgedehnte Verwaltungsgebäude als rückständige Organisationsstrukturen außer Mode kommen! Zumindest ist es bisher nicht denkbar, dass Geschäftsgespräche ausschließlich im virtuellen Austausch vonstatten gehen. Denn über die Worte hinaus werden bei jedem persönlichen Treffen viele weitere bewusste und unbewusste Botschaften ausgetauscht. Wenn Ideen und informative Botschaften durch persönliche Interaktion kommuniziert werden, vermischen sich energetische Felder. Gesten, Mimik, Blicke und Emotionen sind deren unverzichtbare grobstoffliche Bausteine. Der kommunikative Wechsel von Energien zwischen der jeweiligen Aura zweier Menschen ist mit Sicherheit noch weit komplexer und wichtiger als alle bislang feststellbaren psychischen und biologischen Interaktionen. Nicht zu vergessen das unterstützende morphische Informationsfeld, das sich um einen Konferenzraum aufbauen kann.

Die zukünftige Aufgabe wird also darin bestehen, die psychisch wie energetisch notwendigen „soft factors" mit den neuen Bürostrukturen zu verknüpfen. Erst dann können diese ebenso vielgestaltig wie die Arbeitsprozesse selbst werden. Das Büro wird dann zu einer ergonomisch hochwertigen, aufbauenden und zugleich hochprofitablen Arbeitsumwelt. Es wird also keineswegs verschwinden, mit ziemlicher Sicherheit aber auch nicht mehr wie ein herkömmliches Büro aussehen.

Vor diesem Hintergrund werfen wir einen Blick auf einige weitere neue Büroformen und -strukturen. Übrigens entspricht es dem Wunsch unserer Zeit nach Etikettierung und Einordnung, für neue Büroformen auch einen neuen Begriff zu prägen. Scheinbar entsteht dabei eine Vielzahl von Konzepten, Modellen und Termini; in der Praxis unterscheiden sich viele davon aber höchstens geringfügig.

Auch hier zeigt sich der Mut zur Farbe – unterschiedlich kolorierte Arbeitstische ermöglichen die individuelle Stärkung der Mitarbeiter.

Office Hotelling Dieser Begriff bezeichnet Arbeitsplätze, die wie im Hotel zur Entwicklung oder Bearbeitung von Projekten für eine bestimmte Zeit im Voraus gebucht werden. Der Begriff ist insofern gut gewählt, als daraus die Herausforderungen deutlich werden.

Für nur kurze Zeit angemietete Büroräume bedürfen noch dringender als andere einer Anpassung und Individualisierung. Auch hier muss ein

„Claim“ gesteckt, eine Duftmarke gesetzt werden. Nur so kann das morphische Informationsfeld erzeugt werden, das wesentlicher Bestandteil von Atmosphäre und Persönlichkeit eines Raumes ist. Die Kernfrage ist zudem: Gelingt es, beim Office Hotelling auch die für das Engagement wichtige *Corporate Culture* mitzunehmen? Im anderen Fall bleibt es bei einem anonymen Hotelzimmer als Office!

Es ist außerdem durchaus möglich, dass Vorbenutzer des Office Hotels eine angespannte, von aggressiven oder sogar destruktiven Auseinandersetzungen geprägte Atmosphäre weitergeben. Nur sensible Menschen spüren es: alle Folgebenutzer werden für eine gewisse Zeit von diesem Feld beeinflusst. Im schlimmsten Fall wird dadurch ein Wiederholungsprozess in Gang gesetzt, wodurch das Aggressionsfeld laufend neue Nahrung erhält. Schließlich wird dieses Office Hotel kaum noch wirklich effiziente, erfolgreiche Arbeit zulassen. Für magere Geschäftsergebnisse werden dann selbstverständlich andere Gründe gesucht – und auch gefunden. Dennoch: „Was beliebt zusammenzutreffen?“ Der alte chinesische Spruch hat auch in diesem Fall seine Berechtigung.

Natürlich gibt es auch den umgekehrten Fall. Jeder durch Leistung, Glück oder günstige Zeitqualität für alle Beteiligten positiv abgeschlossene Geschäftsprozess erzeugt in den Räumen ein morphisches Feld mit intensiven *Good Vibrations.* Dieses Feld vermag auch die darauffolgende Nutzung zu befruchten.

Trauen Sie sich zu, bei der Suche nach einem Office Hotel derartige Zusammenhänge zu berücksichtigen? Einige Empfehlungen:

Wählen Sie sorgfältig! Würden Sie sich beim Kauf eines Baugrundstücks oder der Miete eines Bürohauses nach der Vorgeschichte erkundigen? Ja! Oder wäre es Ihnen gleichgültig, ob Ihr Vorgänger dort einen glänzenden Sieg oder eine Niederlage erlitten hat? Nein! Gehen Sie beim Office Hotelling in ähnlicher Weise vor und erkundigen Sie sich dezent nach Ihren Vormietern.

Sorgen Sie für einen möglichst harmonischen Qi-Fluss. Setzen Sie viele frische Blumen ein und besorgen Sie ein kleines Wasserspiel mit sanft sprudelndem Wasser um die Atmosphäre zu reinigen.

Stellen Sie in den Räumen um, soweit dies möglich ist, um das neue Territorium zu „besetzen“. Berücksichtigen Sie dabei gleichzeitig die Gesichtspunkte des *Backing,* der Perspektive, des Blickes auf die Tür und der „Entschärfung“ angreifender Ecken und Kanten.

Diese Ausführungen gelten auch für das „Temporal Office“, Büros mit hoher Flexibilität, die für ständig wechselnde Zwecke eingerichtet sind, sowie für das Festival Office. Damit ist ein Standort gemeint, an dem während kurzer Zeit (höchstens mehrere Tage) ein besonderer Arbeitsprozess erfolgt, wie beispielsweise Außerhaus-Tagungen zur Strategieplanung. Als Ort wird meist ein Hotel mit vielen Annehmlichkeiten ausgesucht, das sowohl den eher informellen Austausch als auch kreativitätsfördernde Entspannung ermöglichen soll. Das Ganze kann zum Flop werden, wenn das vorherrschende morphische Informationsfeld vorbelastet, spannungsgeladen und herabziehend ist.

Weitere Büroformen der Zukunft Ähnliches gilt auch für das „Just-in-time-Office", das den Mitarbeitern Arbeitsplätze für die Dauer von einem halben bis zu mehreren Tagen anbietet, und für das „Non-territorial Office" (in anderer Terminologie „nomadisches Büro"). Dies ist eine Arbeitslandschaft, bei der einzelne Arbeitsplätze nicht direkt zugeordnet werden. Der Vorteil liegt in der Vielzahl von Kontakt- und Austauschmöglichkeiten, der Nachteil in einer stark eingeschränkten Möglichkeit der Personalisierung und Territorialisierung des Arbeitsplatzes.

Diese Büroform ist natürlich für introvertierte Menschen wenig geeignet. Ohne es vielleicht zu bemerken, würden diese ihr unerfülltes Bedürfnis nach Stille in unkontrollierte negative Außenprojektion verwandeln. Das Resultat könnten Mitarbeiter sein, die als schwierige Charaktere das ganze theoretisch faszinierende Konzept durch einen mühsamen Geschäftsgang behindern!

Ein „Project Office" – meist als „Office-in-the-office"-Struktur – besteht nur während der Entstehungsdauer eines Projekts. Erfolg und Qualität des Projekts hängen aus unserer Sicht erheblich von den raumpsychologischen Faktoren ab. Auch hier gilt beispielsweise: sind Gestaltung und Einrichtung von scharfen Kanten, blendenden Spots und grellen Farben gekennzeichnet, so werden sich entsprechend unausgewogene und störende Yang-Faktoren auch im Projektergebnis wiederfinden. Da die meisten Menschen an einen ständigen Yang-Überschuss gewöhnt sind, wird dieses häufig zunächst einen viel versprechenden Eindruck machen, sich nach und nach aber als enttäuschend oder sogar kontraproduktiv erweisen.

Eine andere Problematik kennzeichnet das „Market Office". Hier sind Mitarbeiter unterschiedlicher Berufsgruppen eines oder mehrerer Unternehmen tätig, wobei zentrale administrative Dienstleistungen (wie bei einer Bürogemeinschaft) gemeinsam in Anspruch genommen werden.

Aus unserer Sicht gilt dabei: „Mitgefangen ist mitgehangen!“ Zwei Menschen unter demselben Dach teilen bis zu einem gewissen Punkt das Schicksal des jeweils anderen.

Das Gleiche betrifft zwei Unternehmen, die im gleichen Gebäude residieren. Hat eines davon einen Riesenerfolg, so verbreiten sich Erfolgsschwingungen durch das ganze Gebäude. Misslingt beim anderen ein Projekt nach dem anderen, so verbreiten sich Misserfolgsschwingungen. Inwieweit sich unterschiedliche Berufsgruppen (selbst wenn sie einem Unternehmen angehören) vertragen, muss also auch unter diesem Gesichtspunkt untersucht werden.

Zurück zu den Wurzeln

Oft wird zu neuen Büro-Konzepten das faszinierende Zukunftsmotto „Your office is where you are“ zitiert.[52] Dieser Ausspruch des amerikanischen Psychologen- und Designer-Duos Stone und Lucchetti bezog sich ursprünglich jedoch nicht auf eine futuristische absolute Wahlfreiheit der Arbeitsumgebung – sozusagen je nach Lust und Laune –, sondern er formulierte lediglich den angesichts der erdrückenden Einfallslosigkeit amerikanischer Großraumbüros verständlichen Wunsch nach mehr Flexibilität.

Die Frage ist: Wem bietet sich zum gegenwärtigen Zeitpunkt eine derartige Wahlfreiheit, und wer kann sie vertragen? Unbewusst steht bei den verschiedenen Zielsetzungen, Trends und Tendenzen wohl das „Spielzimmer für morgen“ Pate, das sich vor allem Männer insgeheim wünschen. Denn schließlich spielen sie ja: im Wirtschaftsleben geht es um „spielentscheidende Bedingungen“, „Global Players“, „Mitspieler“ und „Blue Chips“. Dazu scheint natürlich auch eine Art der Erlebnisarchitektur zu passen, die gern allen Beschäftigten – ob diese es möchten oder nicht – ein Spiel- und Spannungsfeld zur Verfügung stellt.

In den modernen „Look-at-me“-Gebäuden und -Räumen sitzt derzeit leider durchweg ein in aller Regel energetisch geschwächter, von allen möglichen Informationen chronisch reizüberfluteter, dabei aus reiner Gewohnheit Yang-süchtiger Büroarbeiter. Dieser benötigt eigentlich nichts mehr als einen Ort, der ihm psychische Sicherheit, verständnisvolle Ergonomie und die ausgewogene Mitte zwischen kontemplativer Konzentration und anregender Kommunikation vermittelt. Eine Utopie?

Das Ziel wäre es, Synergien zu schaffen zwischen diesem Ort und der mächtigsten Triebfeder hinter allen Veränderungen: der Raumkosteneinsparung. „Für die Befürworter des virtuellen Unternehmens stellt unsere heutige Organisationsform eine enorme Verschwendung dar, verbringen doch die leitenden Angestellten und Geschäftsleute nicht einmal 30 Prozent ihrer Zeit am Schreibtisch."[53]

Aus der Kostensicht wird also der Druck immer größer, die teure Infrastruktur des City-Büros so klein wie möglich zu halten, die Anzahl der Arbeitsplätze zu verringern und damit auch die nicht minder kostspieligen gesetzlichen Auflagen für Betriebe mit vielen Arbeitsplätzen zu beschränken. Nur: Raumkosten sind mehr als zehnmal geringer als Personalkosten (rund 5 Prozent gegenüber mindestens 70 Prozent; die Angaben in der Fachliteratur schwanken stark). Folglich wäre es ein Fehler, wenn die Verminderung finanzieller Aufwandsgrößen wie der Raumkosten zu Lasten von Zufriedenheit, Arbeitsfreude und Kreativität der Beschäftigten ginge.

Vielleicht kommt bald die Zeit, in der hohe Gehälter allein nicht mehr als verführerischstes Lockmittel für die „zunehmend befähigteren Beschäftigten" der Zukunft gelten. „Zurück zu den Wurzeln" könnte dann bedeuten, dass ein fester, raumpsychologisch einwandfreier und stärkender Arbeitsplatz das begehrteste Incentive darstellt.

Zur harmonischen Koexistenz von Natur und Architektur gehören verständnisvoll eingebrachte „weiche" Gestaltungsmerkmale, die erst mit der Zeit ihren Wert für die Qualität und Anmutung einer vitalitätsfördernden Umgebung beweisen.

Raumpsychologie – eine Chance?

Raumpsychologie ist bei weitem nicht das einzige Gebiet, auf dem Anliegen, Vorsatz und Umsetzung Gefahr laufen, weit auseinander zu klaffen. Vor allem ist es ungewohnt, bei Entscheidungen über die Gestaltung der Arbeitsumgebung der individuellen psychischen und energetischen Stärkung aller Beschäftigten ebenso viel Gewicht zuzumessen wie beispielsweise den Kostenargumenten. Außerdem gibt es bei der Raumpsychologie – genau wie bei Ästhetik, Anmutung und allen anderen „soft factors“ – ausgedehnte subjektive Bereiche. Daher ist sie für rationales und scharf kalkulierendes Denken nicht besonders attraktiv. Und es bedarf einer gehörigen Portion Pioniergeist, sich einem keineswegs genau umrissenen System von Regeln anzuvertrauen, die zwar in vielen Fällen erfrischend einleuchtend sind, sich aber trotzdem im herkömmlichen „streng wissenschaftlichen“ Sinn nicht eindeutig belegen lassen.

Raumpsychologie und Normen

Ein Beispiel dafür, wie Empfehlungen der Raumpsychologie an baurechtliche Grenzen stoßen, bieten Bestimmungen zu Fluchtwegen und Brandschutz. Vom raumpsychologischen Gesichtspunkt wird empfohlen, lange Korridore beispielsweise durch versetztes Aufstellen kleiner Tische so zu strukturieren, dass die Qi-Energie in einen geschwungenen Strom geformt wird. Im anderen Fall entstehen, wie Sie wissen, angreifende *Qi-Pfeile.*

Im Falle von Fluchtwegen ist das Aufstellen solcher Hindernisse aber nicht möglich. Der Ausweg aus jeder derartigen Kollision ist, das Prinzip hinter der Empfehlung zu suchen. In diesem Fall ist es die Tatsache, dass die Vitalenergie Qi den elektromagnetischen Spuren und zugleich der Aufmerksamkeit des Menschen folgt („Where the attention goes energy flows“). Ein mäandernder (geschwungener) Energiestrom lässt sich folglich auch dadurch erzeugen, dass die Aufmerksamkeit der Personen im Korridor hin und her gelenkt wird – selbst wenn es unbewusst geschieht. Dies wird beispielsweise durch eine breite geschwungene Linie auf dem Boden oder durch versetzt angebrachte Dekorationen erreicht. Versetzte Leuchten an den Wänden sind in diesem Fall weit besser geeignet als gerade Leuchtschienen, die den *Qi-Pfeil* nur noch beschleunigen würden (siehe Kapitel 4, S. 104).

Wenn die gesetzlichen Vorschriften für Bildschirmarbeitsplätze mit unserer Empfehlung kollidieren, eine Arbeitsposition mit Rückenschutz,

Skyline Frankfurt/Main. Gebäude sind Lebewesen, die mit dem Menschen in ständiger Kommunikation stehen und ihn tief reichend beeinflussen. Wir gestalten den Raum, und der Raum gestaltet uns – in dieser Wechselbeziehung liegt ein Schlüssel, um beeinträchtigende Raumfaktoren von vornherein und so weit wie möglich auszuschließen.

Zukunftsperspektive und kontrollierendem Blick auf die Tür einzunehmen, muss nach anderen Möglichkeiten gesucht werden, den hinter diesen Empfehlungen stehenden Prinzipien zu entsprechen: zum Beispiel Rückenschutz durch eine hohe Stuhllehne, Zukunftsperspektive durch ein aufbauendes, weiträumiges Foto, indirekter Blick auf die Tür durch einen Spiegel.

Auswahl und Gestaltung derartiger Abhilfen gegen ungünstige Raumfaktoren bieten der Kreativität ein weites Wirkungsfeld. Dies umso mehr, als sich viele traditionelle Empfehlungen des Feng Shui im Westen kaum umsetzen lassen, weil sie auf völlig anderen kulturellen und psychologischen Voraussetzungen beruhen. Weit sinnvoller ist es, im Konsens mit Architekten, Büroplanern und Mitarbeitern nach und nach einen Vorrat an neuen Möglichkeiten anzulegen, um die so schwer fassbare Anmutung, angenehme Persönlichkeit und energetische Stärke eines Raumes sicherzustellen.

Natürlich wäre es besser, bei der Innengestaltung von vornherein alle beschriebenen raumpsychologischen Faktoren zu berücksichtigen. Das gilt genauso für die Außenarchitektur: auch Architekten werden sich auf wachsende Erwartungen einstellen müssen. Ansprechende und interessante Architektur, optimales Kosten-Nutzen-Verhältnis, hervorragende Funktionalität und dazu hohes raumpsychologisches Niveau – eine Forderung mit ähnlicher Komplexität, wie sie in unserer Zeit des Wandels alle Wirtschaftssparten erleben.

Raumpsychologie und Funktionalität Die unausgewogene Betonung eines der genannten Faktoren benachteiligt die anderen. Beispielsweise nützt eine vielgliedrige Fassadenstruktur der Funktionalität, da sie mehr Tageslicht in den Büros ermöglicht; aber entspricht ihr Anblick auch der Forderung, die Unternehmenskultur im äußeren Auftritt ohne Kluft zwischen Schein und Sein widerzuspiegeln? Liegt es wirklich im Interesse eines Unternehmens, sich architektonisch nach außen hin vielgliedrig (und entsprechend vielzüngig, unstet, unklar, schlecht fassbar) darzustellen? Existiert bereits eine solche Fassade, so geht es darum, Glaubwürdigkeit und Solidität symbolisch ausdrucksstark auf andere Weise darzustellen.

Eine Split-Level-Architektur – das heißt ein mehrgeschossiges Gebäude mit zusätzlichen unterschiedlichen Ebenen – kann interessante Einblicke in die einzelnen Bereiche bieten. Vom raumpsychologischen Standpunkt aus besteht allerdings die Gefahr eines sehr unausgewogenen Qi-Flusses.

Rechte Seite: Die harmonische Zusammensetzung von Architektur, Wasser und Pflanzen – eine zunehmend wichtigere Grundlage für eine menschenfreundliche Arbeitsumgebung. (Canada Place Trade and Convention Center, Vancouver, Kanada)

CANADA PLACE

Die Atmosphäre kann dadurch leicht mit zusätzlicher Spannung und ständiger Unruhe aufgeladen werden. Eine weitere Gefahr besteht darin, dass auf unterschiedlichen Levels untergebrachte Abteilungen im übertragenen Sinn keinen „gemeinsamen Grund unter den Füßen" haben. Dies würde ihre Zusammenarbeit behindern. Weist ein Gebäude aber bereits eine solche Struktur auf, so sollte die Firmenphilosophie zum Ausgleich optisch und symbolisch eine starke Gemeinsamkeit und Realitätsverbundenheit *(Erdung)* ausdrücken.

Ähnlich ist es bei allen anderen Differenzen zwischen Normen, Funktionen und raumpsychologischen Empfehlungen notwendig, auf höchst geschickte Weise Alternativwege einzuschlagen. Dies setzt insbesondere Offenheit der Beteiligten und Kreativität voraus.

Raumpsychologie und Facility Management In den letzten Jahren wird verstärkt von *Facility Management* gesprochen (der Begriff steht für die Gesamtheit der Gebäudebetreuung im Zusammenhang mit der Wirtschaftlichkeit, Funktionalität, Werterhaltung, Verwaltung und Reinigung, Minimierung des Ressourceneinsatzes, Sicherheitstechnik und umwelttechnischer Überwachung). Pate hierfür standen die Kostenfaktoren, das heißt das Bestreben um geringere Betriebskosten bei größerem Nutzen. Bisher ist der Aufgabenkatalog des *Facility Management* fast ausschließlich technisch und betriebswirtschaftlich geprägt.

Es ist demgegenüber durchaus denkbar, dass in Zukunft weitere Aufgaben hinzukommen: die Überprüfung und Aufrechterhaltung der Arbeitsplatzqualität und die Erhaltung und Betreuung raumpsychologischer „soft factors" für Büros, Konferenzräume und die übrigen Gebäudebereiche eischließlich der Außenanlagen. Hierzu gehören auch Pflege und Instandhaltung aller für die Optimierung des Qi-Flusses eingesetzten Mittel. Ebenso wie die Wartung der Gebäudeeinrichtung zur Werterhaltung der Immobilie beiträgt, so trägt die Wartung der „soft factors" zur Erhaltung der Leistungsfähigkeit und Kreativität der Mitarbeiter und damit zum Erfolg des Unternehmens bei.

Der Sprung, sozusagen automatisch die atmosphärischen Voraussetzungen für Spitzenleistungen zu schaffen, ist sicher nicht leicht zu bewältigen. Der gegenwärtige Bewusstseinswandel zu höherer Bewertung eines attraktiven, technologisch und psychologisch hochwertigen Arbeitsplatzes lässt den Zeitpunkt für diese Anstrengung jedoch günstig erscheinen. Optimale Arbeitsbedingungen wiederum ermöglichen bei weitem die größten Produktivitätszuwachspotenziale. Das Raum-Management (neudeutsch: „Space Management") wäre demnach kein weiterer Kosten-, sondern ein neuer Produktivitätsfaktor. Erfolgsorientierte Unternehmen werden es sich im Zuge eines Wandels vom kostenfixierten zum mitarbeiterbezogenen Denken in Zukunft nicht mehr leisten können, auf die laufende Optimierung der Arbeitsplatzqualität zu verzichten.

Und die Mitarbeiter? Eine adäquate Information über Hintergrund und Zweck raumpsychologischer Maßnahmen ist ebenso unverzichtbar wie die aktive Einbeziehung und Beteiligung der Beschäftigten. Die Durchführung von *Wahrnehmungsschulungen* für das eigene Arbeitsumfeld und die Wechselwirkung zwischen äußeren Räumen und innerpsychischer Verfassung des Mitarbeiters könnte das Eigen-Engagement unterstützen. Beispiele, wie stark Kreativität und Inspiration von der Raumumgebung beeinflusst werden, dienen der Problemsensibilisierung.

Es lohnt sich, das Interesse der Mitarbeiter für raumpsychologische Faktoren zu wecken und damit zusammenhängende Maßnahmen zu erläutern.
Das Tonnengewölbe lenkt die Qi-Energie nach innen; ein spitzes Dach würde sie nach außen ziehen.

Wir haben verschiedentlich angesprochen, dass Mitarbeiter noch in anderer Hinsicht von stärkenden, aufbauenden Räumen und konsequenter raumpsychologischer Verbesserung der Arbeitsplatzqualität profitieren: entsprechende Maßnahmen führen zur Verminderung psychosozialer Konflikte im Büro und zur Verbesserung des Betriebsklimas. „Wer kennt sie nicht: Konflikte, Auseinandersetzungen, Machtmissbrauch, Streitereien, Rivalität, Neid, Missgunst und Intrigen. Warum sollte das menschliche Grundthema Aggression ausgerechnet unser Arbeitsleben aussparen?"[54]

Die Projektion innerer Konflikte auf die Umgebung, um Selbstwertdefizite auszugleichen oder früher Erlittenes in Außenaggression abzulenken, wird erheblich von räumlichen Umgebungsfaktoren beeinflusst. Eine Ursache dafür liegt in der Resonanz von Feldern. Beispielsweise verstärken Felder aggressiver Energien, die von herausfordernder, unruhiger, exzessiv Yang-betonter und scharfkantiger Architektur und Innengestaltung herrühren, unweigerlich den Intensitätsgrad von Auseinandersetzungen. Eine zweite Ursache besteht darin, dass Räume mit ungenügender Qi-Versorgung den seelischen Allgemeinzustand belasten.

Das heißt nicht, dass raumpsychologisch optimale Arbeitsplätze einen Rundumschutz gegen Mobbing oder Streit gewährleisten. Aber sie verringern deren Wahrscheinlichkeit und Intensität, und sie führen zu stärkerer Wirkung vernünftiger Gegenmaßnahmen.

Raumpsychologie und Führung Ganz klar: Die neuen Bürokonzepte stellen immense Anforderungen an die Führungsqualitäten der Entscheider, und zu allererst an die Fähigkeit, sich selbst zu führen sowie ein anhaltendes Selbstwertgefühl und eine stabile *Ich-Stärke* aufzubauen!

Dies klingt so einfach und gehört doch zu den herausforderndsten Themen im menschlichen Leben. Diese Begriffe decken sich ja keineswegs mit scheinbar selbstbewusstem Auftreten eines Menschen und egoistischer Durchsetzungskraft. Davon sind wir zwar umgeben, aber es geht um etwas anderes: fähig zu werden, sich selbst und anderen das Gefühl von Identität, von Sicherheit, Kontinuität und Stabilität in einem unsicheren Umfeld ständigen Wandels zu vermitteln. Managementkurse zur Potenzialsteigerung und Mitarbeiterführung vermitteln diese Fähigkeiten oft nur unzureichend.

Es gibt eine Fülle von Methoden und entsprechende Publikationen über die Verbesserung der Führungsqualitäten. Vielleicht haben Sie aber bereits selbst erlebt, dass derartige Methoden in vielen Fällen nur begrenzte Wirkung haben. Sie lassen sich nicht durch ein Wochenendseminar und anschließende kurzlebige Begeisterung erreichen, sondern müssen Tag für Tag neu erworben werden. Der Weg dahin führt vor allem über das Erkennen und schließlich die respektvolle Kommunikation mit der eigenen (Jahrmillionen alten) Psyche!

Carl Gustav Jung schrieb: „Wir sind mit Mittelalter und Antike und Primitivität noch längst nicht so fertig geworden, wie es unsere Psyche erfordert. Wir sind stattdessen in einen Katarakt des Fortschritts hineingestürzt, der mit umso wilderer Gewalt vorwärts in die Zukunft drängt, je mehr er uns von unseren Wurzeln abreißt.“[55] Damit sagte Jung mit bemerkenswerter Einsicht voraus, wieviel wichtiger es in Zukunft werden würde, den bewussten Kontakt mit der eigenen Psyche nicht abreißen zu lassen. Angesichts der gegenwärtigen Tendenzen zu einem nur noch virtuell vorhandenen und entsprechend wenig psychische Sicherheit bietenden Arbeitsumfeld erlangt diese Aussage umso größeres Gewicht.

Die Beschäftigung mit raumpsychologischen Faktoren trägt dem Rechnung. Die Umsetzung unserer Empfehlungen zur kreativen Gestaltung aufbauender Räume unterstützt gleichzeitig den Prozess zunehmender Stabilität und die Suche nach einem Anker in sich selbst. Dazu trägt aber nicht nur das Bemühen bei, sich besser kennenzulernen und herauszufinden, welche eigenen psychischen Inhalte, Emotionen und Glaubenssätze durch unterschiedliche Raumfaktoren angerührt und aktiviert werden. Die Anhebung der Qi-Energie am Arbeitsplatz, die Vermeidung schwächender und der Input aufbauender Faktoren wirken sich positiv auf Selbstwertgefühl und echte innere Stärke aus. Dies sind gemeinsam mit einer optimierten eigenen Führung die besten Voraussetzungen, um den Mitarbeitern Kooperationsfähigkeit und den Wert größerer fachlicher und sozialer Leistung zu demonstrieren.[56]

Es zählt zur jahrtausendealten taoistischen Weisheit, dass anhaltende Verbesserungen nicht isoliert erfolgen können. Die Kraft von Erfolgssuggestionen, Affirmationen und Veränderungsstrategien kann nur aufrechterhalten werden, wenn innere Räume und Außenräume interagieren. Falls die Arbeitsplatzumgebung Ihrem Unbewussten erfolgshemmende Botschaften vermittelt, besteht immer die Gefahr, dass selbst die besten Vorsätze mit der Zeit an Wirkung verlieren.

Die Herausforderung lautet: das Übergewicht von funktions- und wirtschaftlichkeitsbezogenem Denken auf sinnvolle Weise durch die konsequente Berücksichtigung der tief reichenden psychologischen und energetischen Anforderungen des Menschen auszugleichen. (British Airways Headquarters Building, Heathrow, London; Architekt: Niels Torpe)

Energie lässt sich nicht betrügen Raumpsychologische Veränderungen zu einer besseren Arbeitsplatzqualität bedürfen der Ernsthaftigkeit. Es tut gut, auch hier mit Respekt an die Energien und Felder heranzugehen, aus denen sich die spezifische Atmosphäre in einem Raum zusammensetzt. Da uns vor langer Zeit der Sinn für die Seele eines Raumes oder Gebäudes abhanden gekommen ist, müssen wir erst wieder lernen, Gegenstände nicht nur in der einen Dimension ihrer materiellen Gestalt zu betrachten. Wenn Sie in Ihrem Blickfeld am Arbeitsplatz ein Symbol für Ihr persönlich überwältigendstes Erfolgserlebnis aufstellen, so verbreitet sich eine andere Energie, als wenn dort das vom Vorgänger übernommene, unverständliche und zerrissene Werk eines zum Zeitpunkt der Entstehung depressiv eingestellten Künstlers steht. Sie selbst können wählen, welcher Art Energie Sie Tür und Tor öffnen.

Glauben Sie andererseits nicht, es reiche aus, sich mental zum Erfolg zu konditionieren, wenn Sie nicht in einem räumlich geprägten Feld des Erfolges sitzen. Energie lässt sich nicht betrügen: Die Überzeugungskraft eines persönlichen *Counsellors* und laufendes Optimieren Ihrer *Brain Scripts* sind auf die Dauer weniger wirksam als schlechte Schwingungen an dem Ort, wo Sie einen großen Teil Ihrer Lebenszeit verbringen. Wiederum gilt: Sie rennen einen steilen Berg hoch, wenn Sie sich innerlich auf Erfolg trimmen wollen, ohne im Außen für das Entfernen von Hindernissen zu sorgen, entsprechend der alten Einsicht „Wie im Innen, so im Außen“.

Es hieße aber auch Wertigkeiten verkennen, allein im aufgeräumten Schreibtisch (nach Feng Shui-Maßen, mit abgerundeten Kanten) und nach allen Regeln der Kunst aufbauend gestalteten Büro die alleinige Garantie für den Sprung von Erfolg zu Erfolg zu suchen.

Noch etwas anderes ist wichtig: Selbstdisziplin. Die eigentliche Arbeit an einer Verbesserung der inneren Räume und der Außenräume beginnt, wenn die erste Begeisterung vorüber ist. Doch gerade dann zeigen sich meist Resultate. Wenn Sie bei der Optimierung Ihres Büros täglich einen Schritt zurücklegen (und den ersten ab jetzt innerhalb von 72 Stunden), werden Sie schnell Erfolge bemerken: weniger Leistungsdefizite, aufbauendere Visionen, mehr Kreativität, intensivere Nutzung Ihrer Talente, bessere Beziehungen zu Kollegen und Mitarbeitern, mehr Selbstbewusstsein und Ich-Stärke!

Von Buddha ist der Satz überliefert: „Es gibt nur einen Zeitpunkt, wann es wichtig ist, zu erwachen. Dieser Zeitpunkt ist jetzt!“[57]

Der Erfolg ist da! Bauen Sie ihn aus, indem Sie innerhalb der nächsten 72 Stunden erste konkrete Maßnahmen für die Optimierung Ihrer Arbeitsumgebung in Angriff nehmen. Sichern Sie ihn langfristig, indem Sie gleichzeitig die Optimierung Ihrer „inneren Räume“ anpacken.

Anhang

Checkliste

Tabellen der stärkenden/schwächenden Richtungen

Anmerkungen

Bibliografie

Register

Bildnachweis

Checkliste

Bitte füllen Sie diese Checkliste bei einem Rundgang durch Ihr Büro aus. Tragen Sie vorzunehmende Maßnahmen gleich ein! Wiederholen Sie diesen Rundgang in regelmäßigen Abständen!

Thema	Ist-Zustand	Optimierung	Wann?	Wer?
Außenauftritt Ihres Büros:				
• Wann ist das Gebäude zum ersten Mal sichtbar?				
• Eindruck der Nachbargebäude?				
• „Angreifende" Faktoren (Nachbargebäude etc.)				
• Gepflegtes Umfeld?				
• Eindruck der Fassade?				
• Firmenschild, Logo?				
• Freier Haupteingang?				
Innenauftritt Ihres Büros:				
• Willkommen heißender Eingangsbereich?				
• Einladender Empfangstisch?				
• Stärkende Blumen und Pflanzen?				
• Energiedurchzug gestoppt?				
• Farbliche Harmonie?				
• Aufbauender Wartebereich?				
• Attraktive und stabile Sitzgelegenheiten?				
• Erfrischungen (Getränke/Zeitschriften,etc.)?				
• Kreative Meeting Points?				
• Aufbauende Konferenzräume?				
• Ausgewogene Beleuchtung?				
• Qi-Fluss im Gebäude? Qi-Auffrischungen?				
• Motivierende Dekorationen und Kunstobjekte?				
• Archetypische Aussage der Objekte?				
• Ausgeglichenes Yin-Yang-Verhältnis?				
• Freie Flure? Ordnung?				
• Sanfter Qi-Fluss in den Verkehrswegen?				
• Treppen mit Setzstufen? Stufenanzahl?				
• Günstige Gestaltung und Beleuchtung der Lifte?				
• Sanitärräume sauber und geschlossen?				
• Sozialräume freundlich und Energie spendend?				
• Trennung Raucher-, Nichtraucherbereich?				
• Ansprechende Dekoration der Sozialräume?				
• Regenerationsraum/Entspannungsinsel?				

Thema	Ist-Zustand	Optimierung	Wann?	Wer?
Ihr Arbeitsplatz:				
• Platzierung Ihres Schreibtisches im Raum?				
• Angreifende Ecken vorhanden?				
• Feng Shui-Maße eingehalten?				
• „Backing"/Perspektive vorhanden?				
• Kontrolle über den Raum?				
• Stabiler, „geerdeter" Sitz?				
• Motivierende Dekoration?				
• Objekte auf Botschaft und Aussage überprüft?				
• Qi-Durchzug gestoppt?				
• Qi-Auffrischung notwendig?				
• Genügend Ablagemöglichkeiten? Ordnung?				
• „Beruhigte" Zone hinter Ihrem Rücken?				
• Geschlossene Schrankflächen?				
• Regale: Bücher/Ordner auf Kante gestellt?				
• Blumen? Attraktive Pflanzen?				
• Ausgewogene, helle Beleuchtung?				
• Kabelgewirr? Elektrosmog?				
• Farbwahl im Raum? Mut zur Farbe?				
• Farbkonflikte neutralisiert?				
• Dezente territoriale Individualisierung?				
• Ausgeglichenes Yin-Yang-Verhältnis?				
• Besprechungsecke aufbauend?				
• Günstige Arbeitsrichtung?				
• Möglichkeit zur Bagua-Aktivierung?				
Home Office zusätzlich:				
• Trennung von beruflicher und privater Sphäre?				
• Konsequente Einteilung des Arbeitstages?				
• Büromäßige Kleidung?				
• Unterschiedliche Türschilder?				
• Stärkende Positionierung des Arbeitsplatzes?				
• Genügend Stauraum?				
• Konsequente Ordnung?				
• Lunchpausen außerhalb?				
• Genügend Kommunikationsmöglichkeiten?				

Tabellen der stärkenden/schwächenden Richtungen

Die Bestimmung der stärkenden Elemente nach dem sogenannten Jahreselement ist allgemein und daher notgedrungen oberflächlich. Weit genauere Auskunft darüber gibt die eingehende Berechnung des individuellen Feng Shui-Profils, und insbesondere die astrologische Betrachtung des Geburtsdatums (in der Fachsprache *Bazi Suanming*). Dies kann in der Praxis außerdem zu Abweichungen bei der Bestimmung der genannten günstigen Himmelsrichtungen für einen bestimmten Menschen führen.

Tabelle der stärkenden Richtungen[58]

1	2	3				4			
		A	B	C	D	A	B	C	D
30.01.30 bis 16.02.31	Metall	NW	SW	NO	W	SW	NW	W	NO
17.02.31 bis 05.02.32	Metall	W	NO	SW	NW	O	SO	N	S
06.02.32 bis 25.01.33	Wasser	NO	W	NW	SW	SO	O	S	N
26.01.33 bis 14.02.34	Wasser	N	S	O	SO	NO	W	NW	SW
14.02.34 bis 03.02.35	Holz	S	N	SO	O	S	N	SO	O
04.02.35 bis 23.01.36	Holz	NO	W	NW	SW	N	S		SO
24.01.36 bis 10.02.37	Feuer	SO	O	S	N	SW	NW	W	NO
11.02.37 bis 30.01.38	Feuer	O	SO	N	S	W	NO	SW	NW
31.01.38 bis 18.02.39	Erde	SW	NW	W	NO	NW	SW	NO	W
19.02.39 bis 07.02.40	Erde	NW	SW	NO	W	SW	NW	W	NO
08.02.40 bis 26.01.41	Metall	W	NO	SW	NW	O	SO	N	S
27.01.41 bis 14.02.42	Metall	NO	W	NW	SW	SO	O	S	N
15.02.42 bis 04.02.43	Wasser	N	S	O	SO	NO	W	NW	SW
05.02.43 bis 24.01.44	Wasser	S	N	SO	O	S	N	SO	O
25.01.44 bis 12.02.45	Holz	NO	W	NW	SW	N	S	O	SO
13.02.45 bis 01.02.46	Holz	SO	O	S	N	SW	NW	W	NO
02.02.46 bis 21.01.47	Feuer	O	SO	N	S	W	NO	SW	NW
22.01.47 bis 09.02.48	Feuer	SW	NW	W	NO	NW	SW	NO	W
10.02.48 bis 28.01.49	Erde	NW	SW	NO	W	SW	NW	W	NO
29.01.49 bis 16.02.50	Erde	W	NO	SW	NW	O	SO	N	S
17.02.50 bis 05.02.51	Metall	NO	W	NW	SW	SO	O	S	N
06.02.51 bis 26.01.52	Metall	N	S	O	SO	NO	W	NW	SW
27.01.52 bis 13.02.53	Wasser	S	N	SO	O	S	N	SO	O
14.02.53 bis 02.02.54	Wasser	NO	W	NW	SW	N	S	O	SO
03.02.54 bis 23.01.55	Holz	SO	O	S	N	SW	NW	W	NO
24.01.55 bis 11.02.56	Holz	O	SO	N	S	W	NO	SW	NW
12.02.56 bis 30.01.57	Feuer	SW	NW	W	NO	NW	SW	NO	W
31.01.57 bis 17.02.58	Feuer	NW	SW	NO	W	SW	NW	W	NO
18.02.58 bis 07.02.59	Erde	W	NO	SW	NW	O	SO	N	S
08.02.59 bis 27.01.60	Erde	NO	W	NW	SW	SO	O	S	N

1			2	3				4			
				A	B	C	D	A	B	C	D
28.01.60	bis	14.02.61	Metall	N	S	O	SO	NO	W	NW	SW
15.02.61	bis	04.02.62	Metall	S	N	SO	O	S	N	SO	O
05.02.62	bis	24.01.63	Wasser	NO	W	NW	SW	N	S	O	SO
25.01.63	bis	12.02.64	Wasser	SO	O	S	N	SW	NW	W	NO
13.02.64	bis	01.02.65	Holz	O	SO	N	S	W	NO	SW	NW
02.02.65	bis	20.01.66	Holz	SW	NW	W	NO	NW	SW	NO	W
21.01.66	bis	08.02.67	Feuer	NW	SW	NO	W	SW	NW	W	NO
09.02.67	bis	29.01.68	Feuer	W	NO	SW	NW	O	SO	N	S
30.01.68	bis	16.02.69	Erde	NO	W	NW	SW	SO	O	S	N
17.02.69	bis	05.02.70	Erde	N	S	O	SO	NO	W	NW	SW
06.02.70	bis	26.01.71	Metall	S	N	SO	O	S	N	SO	O
27.01.71	bis	14.02.72	Metall	NO	W	NW	SW	N	S	O	SO
15.02.72	bis	02.02.73	Wasser	SO	O	S	N	SW	NW	W	NO
03.02.73	bis	22.01.74	Wasser	O	SO	N	S	W	NO	SW	NW
23.01.74	bis	10.02.75	Holz	SW	NW	W	NO	NW	SW	NO	W
11.02.75	bis	30.01.76	Holz	NW	SW	NO	W	SW	NW	W	NO
31.01.76	bis	17.02.77	Feuer	W	NO	SW	NW	O	SO	N	S
18.02.77	bis	06.02.78	Feuer	NO	W	NW	SW	SO	O	S	N
07.02.78	bis	27.01.79	Erde	N	S	O	SO	NO	W	NW	SW
28.01.79	bis	15.02.80	Erde	S	N	SO	O	S	N	SO	O
16.02.80	bis	04.02.81	Metall	NO	W	NW	SW	N	S	O	SO

1. **Jahresübersicht.** Bestimmen Sie das Jahr nach Ihrem Geburtsdatum. (Im chinesischen Mondkalender beginnt das Jahr am zweiten Neumond nach der Wintersonnenwende auf der Nordhalbkugel.)
2. **Persönliches Jahreselement.** Dieses ist Bestandteil des *Feng Shui-Profils*. Das Jahreselement wird durch Repräsentanten des gleichen Elements oder des „nährenden Elements" energetisch gestärkt (siehe Grafik 7, S. 41).
3. **Günstige Richtungen für Männer.**
4. **Günstige Richtungen für Frauen.**

Die **Richtungen A** und **D** begünstigen am meisten Erfolg und Karriere. Die **Richtung B** unterstützt Gesundheit und Vitalität (vor allem in Stressphasen), die **Richtung C** fördert Toleranz und Harmonie.

Tabelle der schwächenden Richtungen[59]

Jahr	Richtung	Sektor	Jahr	Richtung	Sektor	Jahr	Richtung	Sektor
2000	OSO	105–135°	2004	WSW	225–255°	2008	N	345–115°
2001	SSO	135–165°	2005	W	255–285°	2009	NNO	15– 45°
2002	S	165–195°	2006	WNW	285–315°	2010	ONO	45– 75°
2003	SSW	195–225°	2007	NNW	315–345°	2011	O	75–105°

Anmerkungen

1 Interview von Dr. Richard Evans mit Carl Gustav Jung („Houston Filme“, August 1957, 2. Interview). Zitat aus Robert Hinshaw und Lela Fischli (Hrsg.), *C. G. Jung – Ein großer Psychologe im Gespräch,* S. 124.

2 Es gibt – sowohl im Ursprungsland als auch in anderen Ländern – etliche unterschiedliche Aussprachen dieses Begriffes. Wenn Sie nicht einen ausgesprochenen Hang zur Wahrung des Originals haben, sprechen Sie ihn ruhig so aus, wie er geschrieben wird.

3 New Work ist der generelle Überbegriff für die Veränderungen in der Arbeits- und Bürowelt.

4 Unter „soft factors“ verstehen wir alle psychologischen, energetischen und architektonischen Bestandteile eines Lebensraumes, die sich nicht eindeutig messen und statistisch auswerten lassen. Der Gegensatz sind die betriebs- und volkswirtschaftlich feststellbaren und bezifferbaren „hard factors“.

5 Zitat aus „Folgekosten:Baukosten = 4:1“, *Mensch&Büro,* 3/99, S. 20. Vgl. auch Francis Duffy, „Das neue Büro“, in Werner Lippert (Hrsg.), *Future Office,* S. 51. Es dürfte eine lohnende Spezialisierung für Architekten sein, „moderne“ Bürogebäude so umzugestalten, dass diese tatsächlich eine zukunftssichere Effizienz der Arbeitsprozesse ermöglichen.

6 Vgl. John Naisbitt, „Megatrends Asien“, zitiert nach „Global, effizient, finanzstark: Das Netzwerk der Auslands-Chinesen“, *Welt am Sonntag,* 22.10.95, S. 53, sowie Peter F. Drucker, „Die Auslands-Chinesen sind eine Supermacht der Weltwirtschaft“, *Trendletter,* 3/95, S. 2.

7 Die genannten Daten schwanken in der Literatur stark und sind daher mit Vorsicht zu behandlen. So gibt Fiedeler als Lebenszeit für Fu Xi 2852 bis 2737 v. Chr. an (vgl. Frank Fiedeler, *Yijing,* S. 16).

8 Vgl. Raymond Lo, *The Four Pillars of Destiny,* S. 11.

9 Zitat aus dem wichtigsten taoistischen Text, dem *Tao Te King* von Laotse, S. 9.

10 Vgl. Christian Kobau, *Bodybalance. Intuitiv Kreatives Körperbewusstsein,* S. 346.

11 Hierzu zählen die „Hartmann-“, „Curry-“ und „Benkerlinien“. Weitere Felder entstehen durch Wasseradern und Erdverwerfungen. (Manche

Feng Shui-Experten nennen noch weitere Felder, wie „Schwarze Ströme“ – vgl. Jes T. Y. Lim, *Feng Shui für Büro und Business,* S. 195.) Weil solche Kraftfelder bei einer Überlagerung Störzonen bilden, empfehlen wir, sowohl den Schlaf- als auch den Arbeitsplatz geomantisch untersuchen zu lassen.

12 Dafür gibt es zwei unterschiedliche Systeme. Im ersten (Drei-Türen-Bagua) befindet sich der unterste Bereich der Reise (oder der strategischen Planung im Geschäftsgebäude) immer in der Mitte derjenigen Gebäude- oder Raumseite, in der der Eingang liegt, und auch, wenn sich der Eingang rechts oder links auf dieser Seite befindet. Das zweite System ordnet den Bereich Reise grundsätzlich immer dem Sektor des Gebäudes zu, der im Norden liegt. In diesem Buch wird zur Erläuterung des Bagua das erste System geschildert. In der Praxis wenden wir erfolgreich eine weiter führende Kombination aus beiden Anschauungen an.

13 Vgl. Sigmund Freud, „Eine Schwierigkeit der Psychoanalyse“, GW Band XII, S. 11.

14 Vgl. Marie-Louise von Franz, *Spiegelungen der Seele,* S. 11.

15 „Noch nicht Bewusstes wird normalerweise ‚dort draußen‘ erlebt, in der Projektion auf die äußere Welt. Wir finden uns wieder in anderen Menschen, Dingen und Orten, in Erfahrungen, die für uns von außen zu kommen scheinen. Erst später – wenn überhaupt – erkennen wir unseren eigenen Anteil an dieser Erfahrung. Wenn wir dies wahrnehmen, haben wir eine Chance, die Projektion zurückzunehmen, sie zu untersuchen, zu verinnerlichen und unserer Selbsterfahrung hinzuzufügen. Genau auf diese Weise wächst die Persönlichkeit – durch einen anhaltenden Kreislauf der Projektion psychischer Inhalte ins Äußere und ihrer Zurücknahme.“ Vgl. Clare Cooper Marcus, *Home as a Mirror of Self,* S. XIII (zitiert aus dem Vorwort von Dr. James Yandell, C. G. Jung-Institut San Francisco).

16 Vgl. Carl Gustav Jung, *Die Dynamik des Unbewußten,* Gesammelte Werke (GW) Bd. VIII, § 382.

17 Siehe auch Andrew Samuels et. al., *Wörterbuch Jungscher Psychologie,* S. 43, sowie Mario Jacoby, „Die Archetypen“, in: *du. Zeitschrift der Kultur,* 8/1995, S. 27.

18 Vgl. Fritz Riemann, *Grundformen der Angst,* S. 11 ff.

19 Vgl. Verena Kast, *Die Dynamik der Symbole,* S. 20.

20 Vgl. John Diamond, *Der Körper lügt nicht,* S. 136 ff., sowie Matthias Lesch/Gabriele Förder, *Kinesiologie,* S. 38 ff. Der kinesiologische Mus-

keltest – zum Beispiel am Deltamuskel des Oberarms – ist ein körpereigenes Feedbacksystem. Er nutzt die Tatsache, dass auf den Körper einwirkende, psychisch schwächende „Stressoren" eine Energieblockade und dadurch eine Muskelschwäche hervorrufen.

21 Auch C. G. Jung äußerte über das Haus bei einem Seminar über Trauminterpretation im Jahr 1930: „[...] it is a sort of additional skin." Vgl. Claire Douglas, *Visions. Notes of the seminar given in 1930–1934 by C. G. Jung,* S. 22.

22 Es gibt unterschiedliche Arten von psychologischen Typologien. Relevant ist hier folgendes: Je mehr wir uns der verschiedenen Seiten unserer Persönlichkeit bewusst sind, desto weniger Anlass besteht für Vorwürfe (auch Selbstvorwürfe), in einer bestimmten Situation nicht adäquat zu handeln. Solche Vorwürfe binden psychische Energie.

23 Vgl. Verena Kast, *Freude, Inspiration, Hoffnung,* S. 48, 51 und 81.

24 Leider lassen sich hierfür kaum allgemeine Ratschläge geben. Art und Platzierung hängen von den Berechnungen während einer individuellen Beratung ab.

25 Vgl. Reinhard K. Sprenger, *Das Prinzip Selbstverantwortung,* S. 12.

26 Hierbei unterstellen wir, dass der betreffende Eingangssektor über eine aus der Sicht des Feng Shui erfolgsfördernde Qualität verfügt und dass die Objekte in einer nach den Berechnungen des Feng Shui „günstigen Richtung" platziert werden.

27 Eine ähnliche Qi-Kontamination des gesamten Gebäudes wird durch Lüftungsanlagen hervorgerufen, deren Ansaugöffnung in einer abgasbelasteten Verkehrszone liegt. Die einzig wirksamen Filter dagegen sind Pflanzen, Wasser oder Kraftfelder großer, natürlich gewachsener Kristalle.

28 Die Wahl des dafür jeweils sinnvollsten Mittels muss der individuellen Beratung vorbehalten bleiben.

29 Vgl. Klaus Daniels et. al., *Das Kombi-Büro,* S. 50.

30 Vgl. Jes T. Y. Lim, *Feng Shui für Büro und Business,* S. 116.

31 Vgl. Friedrich Blaha (Hrsg.), *Der Mensch am Bildschirm-Arbeitsplatz,* S. 140 ff.

32 a. a. O., S. 149

33 Vgl. Wolfgang Schmid, „War's der Kollege oder die Klimaanlage? Untersuchung über das Sick Building Syndrome", www.immobilienzeitung.de, Datenbank IMMO, Dokumentnummer 059906057.

34 Auch regelmäßige Meersalzbäder helfen, die Belastung durch Elektrosmog zu reduzieren.

35 Vgl. Verena Kast, a. a. O. (Anmerkung 23), S. 81.

36 Vgl. Christian Mikunda, „Büro-Dramaturgie – Wie Arbeitswelt zum Erlebnis wird“, in Werner Lippert, *Future Office,* S. 133.

37 a. a. O., S. 134

38 Siehe dazu auch Anmerkung 12. Im Sonderfall einer schräg stehenden Tür an einer Ecke gilt als Regel, dass die längere Raumseite als „Grundseite“ mit dem Bereich Strategische Planung in der Mitte angesehen wird.

39 Dies ist einer der vielen bautechnischen Vorzüge des Commerzbank-Gebäudes in Frankfurt/Main von Sir Norman Foster.

40 *Der Spiegel,* 8/00, S. 164.

41 Vgl. Horst Hofbauer©, „Local Working Office“, in www.hofbauer-gmbh.de, Web-Seite „Projekte“.

42 Der russische Physiologe Iwan Pawlow (1849–1936) wies nach, dass bestimmte wiederholte Reize reflexbedingte physiologische Veränderungen nach sich ziehen.

43 Vgl. Horst Hofbauer, a. a. O (Anmerkung 41).

44 Vgl. *Mensch & Büro,* 3/99, S. 40.

45 Vgl. *Psychologie heute,* 4/00, S. 8.

46 Zitat aus Congena, *Zukunftsstrategie Kombi-Büro,* S. 421.

47 a. a. O., S. 422

48 Werner Lippert (Hrsg.), *Future Office,* S. 194.

49 a. a. O., S. 193

50 a. a. O., S. 101

51 a. a. O., S. 199

52 „Harvard Manager“ 4/1985, zitiert aus *Congena,* a. a. O. (Anmerkung 46), S. 23.

53 Élisabeth Pélegrin-Genel, *Büro,* S. 218.

54 Aus Jürgen Hesse und Hans Christian Schrader, *Krieg im Büro,* S. 28.

55 Aus Carl Gustav Jung, *Erinnerungen, Gedanken, Träume,* S. 240.

56 Vgl. Rupert Lay, *Charakter ist kein Handicap,* S. 187.

57 Aus Clare Cooper Marcus, *House as a Mirror of Self,* S. 290 (zit. nach Jack Kornfield, *Buddha's Little Instruction Book,* Bantam Books New York, 1994, S. 33).

58 Lau, Theodora, *Das große Buch der chinesischen Astrologie.* München 1983; Lip, Evelyn, *Personalise your Feng Shui.* 2. Aufl., Singapore 1997; Too, Lillian, *Das große Buch des Feng Shui.* München 1997.

59 Lim, Jes T. Y., *Feng Shui für Büro und Business.* München 2000, S. 116. Es gilt das chinesische Kalenderjahr, das in diesen Jahren jeweils am 4. Februar beginnt.

Bibliografie

Tiefenpsychologie

Bohlen, Jean Shinoda: *Götter in jedem Mann.* Basel, 1991
– *Göttinnen in jeder Frau.* 4. Aufl., Basel 1992
Douglas, Claire (Hrsg.): *Visions. Notes of the seminar given in 1930–1934 by C. G. Jung.* Princeton (USA) 1997
du. Die Zeitschrift der Kultur. Themenheft Carl Gustav Jung. Heft 8, Zürich 1995
Ellenberger, Henry: *Die Entdeckung des Unbewußten.* Bern 1973
Freud, Sigmund: *Schriften aus den Jahren 1928 bis 1933.* Band XII der Gesammelten Werke (GW), Wien 1954
Franz, Marie-Luise von: *Wissen aus der Tiefe. Über Orakel und Synchronizität.* München 1987
– *Psyche und Materie.* Einsiedeln 1988
– *Spiegelungen der Seele.* 2. Aufl., München 1988
Hinshaw, Robert/Fischli, Lela (Hrsg.): *C. G. Jung – Ein großer Psychologe im Gespräch.* Freiburg 1994
Jacobi, Jolande: *Die Psychologie von C. G. Jung.* Frankfurt 1993
Jung, Carl Gustav: *Der Mensch und seine Symbole.* 11. Aufl., Olten 1988
– *Synchronizität, Akausalität und Okkultismus.* München 1990
– *Die Dynamik des Unbewußten.* Band VIII der Gesammelten Werke (GW), Düsseldorf 1995
– *Die Archetypen und das kollektive Unbewußte.* GW 9/I, Düsseldorf 1995
– *Erinnerungen, Träume, Gedanken.* 9. Aufl., Düsseldorf 1995
– *Über Gefühle und den Schatten. Winterthurer Fragestunden.* Zürich 1999
Kast, Verena: *Die Dynamik der Symbole.* 4. Aufl., Düsseldorf 1994
– *Abschied von der Opferrolle.* Freiburg 1998
– *Freude, Inspiration, Hoffnung.* 2. Aufl., München 1998
– *Neid und Eifersucht.* 2. Aufl., Düsseldorf 1999
Meier, C. A.: *Persönlichkeit. Der Individuationsprozeß im Lichte der Typologie C. G. Jungs.* 2. Aufl., Olten 1986
– *Die Empirie des Unbewußten.* Einsiedeln 1994
Riemann, Fritz: *Grundformen der Angst.* München 1996
Samuels, Andrew/Shorter, Bani/Plaut, Fred: *Wörterbuch Jungscher Psychologie.* München 1989
Wehr, Gerhard: *Selbsterfahrung mit C. G. Jung.* Freiburg 1995
Wilson, Colin: *Herr der Unterwelt. C. G. Jung und das 20. Jahrhundert.* München 1990

Feng Shui

Brown, Simon: *Feng Shui-Praxis.* München 1997
Fröhling, Thomas/Martin, Katrin: *Feng Shui für Beruf und Karriere.* München 1998
Kraaz von Rohr, Ingrid/Hofmann, Robert: *Praktischer Leitfaden Feng Shui.* München 1996

Chuen, Lam Kam: *Das Feng Shui Handbuch.* Sulzberg 1996
– *Das persönliche Feng Shui.* Sulzberg 1998
Kubny, Manfred: *Chinesische Astrologie.* Heidelberg 2000
Lazenby, Gina: *Inneneinrichtung nach Feng Shui.* München 1998
Lim Jes T. Y.: *Feng Shui & Gesundheit.* Sulzberg 1997
– *Feng Shui für Büro und Business.* München 2000
Lip, Evelyn: *Business Feng Shui.* Union City (California) 1989
– *The design & Feng Shui of logos, trademarks & signboards.* Singapore 1995
– *Personalise your Feng Shui.* 2. Aufl., Singapore 1997
Lo, Raymond: *The Four Pillars of Destiny.* 2. Aufl., Singapore 1996
– *Feng Shui & Destiny for Managers.* 4. Aufl., Singapore 1997
Marfori, Mark: *Feng Shui.* Santa Monica (USA) 1993
Nossack, Bernd: *Feng Shui für Gesundheit und Erfolg.* Berlin 1997
Rossbach, Sarah/Lin Yun: *Feng Shui Gestaltung.* München 1998
Sang, Larry: *The principles of Feng Shui.* Monterey Park (USA), 1994
Sator, Günther/Meyer, Hermann: *Besser leben mit Feng Shui.* München 1997
Sator, Günther: *Feng Shui – Die verborgene Kraft des Arbeitsplatzes.* 2. Aufl., Wien 1998
Shurety, Sarah: *Feng Shui Harmonie im ganzen Haus.* Köln 1997
Spear, William: *Die Kunst des Feng Shui.* München 1996
Too, Lillian: *Feng Shui.* 11. Aufl., Kuala Lumpur (Malaysia) 1996
– *Applied Feng Shui.* 7. Aufl., Kuala Lumpur (Malaysia) 1996
– *Das große Buch des Feng Shui.* München 1997
– *Die Grundlagen des Feng Shui.* München 1998
Walters, Derek: *Die Kunst des Wohnens.* 2. Aufl., Weilheim 1993

Büro

Blaha, Friedrich (Hrsg.): *Der Mensch am Bildschirm-Arbeitsplatz.* Wien 1995
Congena: *Zukunftsstrategie Kombi-Büro.* München 1994
Daniels, Klaus et. al.: *Das Kombi-Büro.* 3. Aufl., Akzente Studiengemeinschaft GmbH Murnau, 1996
Englich, Guido/Remmers, Burkhard: *konferieren, diskutieren, lernen. Einrichtungs-Handbuch für Kommunikationsräume.* Edition Wilkhahn Wilkening + Hahne GmbH+Co. (Hrsg.). Bad Münder 1997
Knirsch, Jürgen: *Büroräume Bürohäuser.* Leinfelden-Echterdingen 1996
Lippert, Werner (Hrsg.): *Future Office.* Regensburg 1997
Myerson, Jeremy/Ross, Philip: *Das kreative Büro.* Stuttgart 1999
Ottomann, Hans (Hrsg.): *Erfolgsfaktor Einrichtung im Callcenter.* Stuttgart 1999
Pélegrin-Genel, Élisabeth: *Büro.* Köln 1996

Verwandte Themen

Ammelburg, Gerd: *Die Unternehmenszukunft.* 4. Aufl., Freiburg 1993

Capra, Fritjof: *Das Tao der Physik.* Bern 1989

Bek, Lilla/Pullar, Philippa: *Chakra-Energie.* 2. Aufl., München 1988

Cooper, J. C.: *Illustriertes Lexikon der traditionellen Symbole.* Leipzig 1986

Dahlke, Rüdiger: *Der Mensch und die Welt sind eins.* München 1987

Dethlefsen, Thorwald: *Schicksal als Chance.* 3. Aufl., München 1981

Diamond, John: *Der Körper lügt nicht.* 11. Aufl., Freiburg 1994

Dürr, Hans-Peter/Gottwald, Franz-Theo (Hrsg.): *Rupert Sheldrake in der Diskussion.* München 1997

Federspiel, Krista/Lackinger Karger, Ingeborg: *Kursbuch Seele.* Köln 1996

Fiedeler, Frank: *Yijing.* München 1996

Gelder-Kunz, Dora van/Karagulla, Shafica: *Die Chakras.* Grafing 1989

Hesse, Jürgen/Schrader, Hans Christian: *Krieg im Büro.* Frankfurt am Main 1993

Keyserling, Arnold: *Geschichte der Denkstile.* 2. Aufl., Wien 1972

Klein, Nicolaus/Dahlke, Rüdiger: *Das senkrechte Weltbild.* München 1991

Kobau, Christian (Hrsg.): *Bodybalance. Intuitiv Kreatives Körperbewußtsein.* 2. Aufl., ISBN 3-9500303-0-1

Laotse: *Tao Te King* (übersetzt von Walter Jerven). 8. Aufl., Weilheim 1989

Lay, Rupert: *Charakter ist (k)ein Handicap.* Berlin 2000

Leadbeater, Charles W.: *Die Chakras.* 8. Aufl., Freiburg 1988

Lesch, Matthias/Förder, Gabriele: *Kinesiologie.* München 1994

Lonegren, Sig: *Verborgene Kräfte der Wünschelrute.* 2. Aufl., München 1996

Marcus, Clare Cooper: *House as a mirror of self.* Berkeley (California, USA) 1995

Markert, Christopher: *Yin/Yang.* Düsseldorf 1983

Martin, Hans-Peter/Schumann, Harald: *Die Globalisierungsfalle.* Reinbek, 1998

Merz, Blanche: *Orte der Kraft.* 2. Aufl., Aarau 1999

– *Die Seele des Ortes.* Aarau 2000

Molcho, Samy: *Körpersprache.* München 1983

– *Körpersprache als Dialog.* München 1988

Pogacnik, Marko: *Schule der Geomantie.* München 1996

Sheldrake, Rupert: *Das Gedächtnis der Natur.* Bern 1991

Sprenger, Reinhard K.: *Das Prinzip Selbstverantwortung.* Frankfurt 1995

Stark, Michael/Sandmeyer, Peter: *Wenn die Seele S.O.S. funkt.* Reinbek 1999

Steele, James: *Architektur heute.* München 1998

Tansley, David V.: *Energiekörper.* München 1985

Vollmar, Klausbernd: *Chakren.* München

Wilhelm, Richard (Hrsg.): *I Ging.* 22. Aufl., München 1995

Underhill, Paco: *Why we buy.* New York 1999

Register

Kursiv hervorgehobene Seitenzahlen stehen für die jeweiligen Definitionen.

Bildnachweis

Verlag und Autoren danken den folgenden Fotografen und Unternehmen für die Erlaubnis, ihre Fotografien in diesem Buch veröffentlichen zu dürfen.

Titelbild, 145 Arthur Andersen Business Consulting, London Headquarters, 180 The Strand, Architekten: BDG McColl, London, Foto: ©Arthur Andersen; *Umschlag Rückseite:* siehe S. 2, 97, 157; *2, 147* Gebäude von Hoofd Seghers Engineering, Klein Willebroek (BE), Architekten: Samyn and Partners, Brüssel, Foto: ©Jan Verlinden; *3* „Sculpture Wall Pieces", Kuching, Sarawak, Malaysia ©CORBIS IMAGES, Foto: Joel W. Rogers; *7* DG-Bank, Luxemburg, Architekten: Kraemer, Sieverts + Partner ©Arthur/Bilderberg, Hamburg, Foto: Dieter Leistner; *8* ©G + J Fotoservice/PICTURE PRESS Life, Hamburg, Foto: Klaus Westermann; *9* ©CORBIS IMAGES, Foto: Ronnen Eshel; *10* ©CORBIS IMAGES, Foto: Jan Butchofsky-Houser; *11* ©CORBIS IMAGES, Foto: Alison Wright; *12* ©CORBIS IMAGES, Foto: Wolfgang Kaehler; *13 oben links* Lloyds Building, London, Architekt: Richard Rogers, London, Foto: ©Martin Charles, Isleworth, Middlesex; *13 oben rechts* UFA Dresden, Architekten: COOP Himmelb(l)au, Wien, Foto: Gerald Zugmann; *13 unten links* Fähranleger Hamburg, Architekten: me di um Architekten, Alsop & Störmer, Hamburg, Foto: Archiv Callwey; *13 unten rechts* „Haus der Wirtschaft" im Zentrum Mikroelektronik-Park Duisburg; Büroeinrichtung, so genanntes Schiff, Architekten: Foster & Partners, architects & designers, Sir Norman Foster, London, ©architekturphoto, Düsseldorf, Foto: Ralph Richter; *14* Detail von S. 13 oben rechts; *15* Statue eines Schreibers, aus Sakkâra, Kairo CG 57, Altes Reich, 5. Dynastie: ©Hirmer Fotoarchiv, München; ©Egyptian Museum, Cairo; *16, 30* ©CORBIS IMAGES, Foto: Werner Forman; *17* „Indoor Tropical Garden with Waterfall", Dream Island, Japan, ©CORBIS IMAGES, Foto: Michael S. Yamashita; *19* Die Große Mauer, China ©CORBIS IMAGES, Foto: Keren Su; *20* ©CORBIS IMAGES, Foto: Pierre Colombel; *21* Kaiserpalast, Peking ©CORBIS IMAGES, Foto: Pierre Colombel; *23* Archiv Callwey; *25* ©CORBIS IMAGES, Foto: Hulton-Deutsch Collection; *26* ©Reuters Images, Foto: Mike Segar REUTERS; *32* ©CORBIS IMAGES, Foto: Lisa M. McGeady; *33* ©Bilderberg, Hamburg, Foto: Eberhard Grames; *35* ©CORBIS IMAGES, Foto: Phil Schermeister; *37 links* Flur eines spanischen Bauunternehmens, Madrid, Foto: Archiv Callwey; *37 rechts* Hypolux-Bank, New York, Architekten: Richard Meier & Partner, New York, ©ESTO Photographics Inc., Mamaroneck/New York, Foto: Scott Frances; *38* ©Linse GmbH & Co. KG, Schwäbisch Gmünd, Foto: Jacqueline Friedrichs; *39 oben* ©art aqua Objekt Design, Bietigheim-Bissingen; *39 unten* ©Linse GmbH & Co. KG, Schwäbisch Gmünd, Foto: Jacqueline Friedrichs; *42* Design Bortolani, Bechelli, Maffei, Foto: Archiv Callwey; *46* Farbkubus, aus „Die Logik der Farbe" von H. Küppers: ©Harald Küppers, Langen-Oberlinden; *47 oben* ©CORBIS IMAGES, Foto: Jim Sugar Photography; *47 unten* ©bene Büromöbel, Wien/Waidhofen; *49* ©Reuters Images, Foto: Courtesy Christie's REUTERS; *51* ©CORBIS IMAGES, Foto: Luca I. Tettoni; *53* ©Aurora/Bilderberg, Hamburg, Foto: Jose Azel; *55*©CORBIS IMAGES, Foto: Bettmann; *57* ©CORBIS IMAGES, Foto: Gianni Dagli Orti; *58* ©CORBIS IMAGES, Foto: The State Russian Museum, St. Petersburg, Russland; *61* ©CORBIS IMAGES, Foto: Neil Rabinowitz; *62* ©CORBIS IMAGES, Foto: Roger Ressmeyer; *63* ©PICTURE PRESS Life, Hamburg, Foto: Frank Wartenberg; *65* aus: Samy Molcho, „Körpersprache", S. 195 oben, Mosaik-Verlag, ISBN 3-576-04973-6 ©Foto Atelier Klinger & Schug, München; ©Agentur Joram Harel, Wien; *66* ©CORBIS IMAGES, Foto: Werner Forman; *67* ©Axel Reinhard Böhme, Moor/Weiler; *68 links* Salvador Dalí, „Schlaf", 1937, Öl auf Leinwand, Slg. Edward F. W. James, Sussex; *68 rechts* Pablo Picasso, Frauenporträt mit Hut, ca. 1939; Beide: ©CORBIS IMAGES, ©Demart pro Arte B.V./VG Bild-Kunst, Bonn 2000; ©Succession Picasso/VG Bild-Kunst, Bonn 2000; *69* Brunnen, Piazza Farnese, Rom, Italien ©CORBIS IMAGES, Foto: Hubert Stadler; *71* ©CORBIS IMAGES, Foto: Craig Lovell, *73* COMPACTOFFICE, aus: „A1 A4", bene büromöbel KG, Wien/Waidhofen; *75* „The Farm", Bang & Olufsen New Headquarters, Virum, DK, Architekten: KHRAS Arkitekter, Foto: ©Ole Meyer; *77* ©Reuters Images, Hamburg, Foto: Kai Pfaffenbach REUTERS; *78* Treffen der Präsidenten Gorbatschow und Bush am 31. 07. 1991 in Moskau, USSR ©CORBIS IMAGES, Foto: Peter Turnley; *79* ©IMAGINE Fotoagentur, Hamburg; *80* ©IMAGINE Fotoagentur, Hamburg; *81* Skarabäus ©Egyptian Museum, Cairo, München; *82* ©PICTURE PRESS, Hamburg, Foto: Hajo Heye; *83* Innenhof der Yapi-ve-Kredi-Bankasi, Istanbul, Türkei, Architekten: John McAslan & Partners; ©VIEW Pictures, London, Foto: Peter Cook; *85* DBV-Versicherung, Wiesbaden, ©Arthur/Bilderberg, Hamburg, Foto: Dieter Leistner; *87* ©Margrit Lipczinsky, Konstanz; *89* ©Margrit Lipczinsky, Konstanz, *91* Atrium et la Coline Office Development, Paris 1995, ©CORBIS IMAGES, Foto: Grant Smith; *92, 93* Geschäftsgebäude, Zürich, Foto: ©Margrit Lipczinsky, Konstanz; *94* ©SSI Schäfer, Neunkirchen; *95* ©Gisela Caspersen, Hamburg; *96* Foto: ©Margrit Lipczinsky; *97 oben links* Flughafen Charles de Gaulle, Paris, ©CORBIS IMAGES, Foto: Marc Garanger; *97 oben rechts* Bürogebäude von Firma Drees und Sommer, Stuttgart, Foto: ©Heinrich Hermes, Berlin, *97 unten* Möblierung: „Club" von Moroso, ©Agentur Hubert Essenko, Bad Endorf; ©Fa. Moroso SP, Cavalico; *98* Kaffeebar der Audi AG, Ingolstadt: ©Henn Architekten, München, *99* Bürogebäude in USA, Architekten: ©STUDIOS Architecture, San Francisco, Foto: Richard Barnes; *100* oben, unten ©CORBIS IMAGES, Fotos: Andrew Kolesnikow; Elizabeth Whiting & Ass.; *101 oben* Konferenzraum der Audi AG, Ingolstadt: ©Henn Architekten, München; *101 unten* Japanische Botschaft, Bonn, Foto: ©Sylvania Lighting International GmbH, Erlangen; *102* ©CORBIS IMAGES, Foto: Andrew Kolesnikow; Elizabeth Whiting & Ass.; *103* „Lafontaine-Leuchter" ©Gunther

Lambert GmbH, Mönchengladbach; *104* ©Margrit Lipczinsky, Konstanz; *105* Büro der Firma Apple, Paris, ©archipress, Paris, Design: Eric Lieuré, Paris, Foto: Stéphane Couturier; *105 unten links* ©CORBIS IMAGES, Foto: Huntley Hedworth; Elizabeth Whiting & Ass.; *105 unten rechts* Mühlbauer ©Sylvania Lighting International GmbH, Erlangen; *106* BZ Elstal, ©Sylvania Lighting International GmbH, Erlangen; *107* ©Mondadori/PICTURE PRESS LIFE, Hamburg, Foto: Veysset; *108* ©CORBIS IMAGES, Foto: Andreas von Einsiedel; Elizabeth Whiting & Ass.; *109* ©CORBIS IMAGES, Foto: Buddy Mays; *110* Trompe-l'œil-Künstler: Uwe J. Fehrmann, Hamburg-Rahlstedt, Foto: Steffen Reichel; *111* ©Agentur Focus, Hamburg, Foto: Michael Yamashita; *113* Vitra, Katalog „Metropol", abgerundete Tischkante, Vitra Design, ©Miro Zagnoli/Vitra, Birsfelden (CH); *114* Archiv Callwey *115* ©Weko Büromöbelfabrik Wessel GmbH, Köln; *117* ©CORBIS IMAGES, Foto: Lynn Goldsmith, *118* ©Margrit Lipczinsky, Konstanz; *119 oben* COMPACTOFFICE, aus Katalog: „A1 A4", bene büromöbel KG, Wien/Waidhofen; *119 unten* ©CORBIS IMAGES, Foto: Bob Rowan; Progressive Image; *121* COMPACTOFFICE, aus Katalog: „B1 B2 B3", bene büromöbel KG, Wien/Waidhofen; *123* Modell „ergo", Vitra Design, ©Miro Zagnoli/Vitra, Birsfelden (CH); *124* ©PICTURE PRESS, Hamburg, Foto: Hajo Heye, *125* COLORE-Universalschränke, ©Klenk Collection, Haiterbach; *126* ©Margrit Lipczinsky, Konstanz; *127* ©Margrit Lipczinsky, Konstanz; *128* COMPACTOFFICE, aus Katalog: „B1 B2 B3", bene büromöbel KG, Wien/Waidhofen; *129* Türportale Deutsche Leasing AG, Berlin, Design: ©Matthias Dietz, Berlin, Foto: ©Gerd von Bassewitz; *131, 132, 133* ©Bernadette Grimmenstein, Hamburg; *135* ©Gisela Caspersen, Hamburg; *137* ©IMAGINE Fotoagentur, Hamburg; *139* ©IMAGINE Fotoagentur, Hamburg; *140* ©CORBIS IMAGES, Foto: Underwood & Underwood; *141* ©CORBIS IMAGES, Foto: David Reed; *142* Katalogsystem 300/600, ©Hali Büromöbel, Eferding (A); *148* ©CORBIS IMAGES, Foto: Michael Crockett, Elizabeth Whiting & Ass.; 149 Vitra, Katalog „Ad hoc", Vitra Design, ©Miro Zagnoli/Vitra, Birsfelden (CH), *151* „Flying wings", Dittrich Design, Sprockhövel; *152* Dittrich Design, Sprockhövel; *153* Tour PC, © Tagliabue srl., Figino Serenza (I), Design: ©Cozza & Mascheroni; *155* EXPO-Call-Center, VOKO Franz Vogt Stiftung & Co KG, Pohlheim; *157* Archiv Callwey; *159* ©IMAGINE Fotoagentur, Hamburg; *161* Vorwerk & Co, Hameln, Design: ©Michele de Lucchi; *165* ©CORBIS IMAGES, Foto: Adam Woolfitt; *167* ©CORBIS IMAGES, Foto: Jim McDonald; *169* ©CORBIS IMAGES, Foto: Gunter Marx; *171* ©CORBIS IMAGES, Foto: Ronnen Eshel, *173* ©VIEW Pictures, London, Foto: Peter Cook; *175* ©IMAGINE Fotoagentur, Hamburg; *176, 177* Trompe-l'œil-Künstler: Uwe J. Fehrmann, Hamburg-Rahlstedt, Foto: Steffen Reichel.

Verlag und Autoren danken den folgenden Unternehmen für die Informationsunterlagen sowie das Bildmaterial.

Art aqua Objekt Design GmbH & Co Robert-Bosch-Str. 7, 74321 Bietigheim-Bissingen, Tel. 07142/9700-0, Fax 07142/9700-10
Bene Büromöbel KG Schwarzwiesenstr. 3, A-3340 Waidhofen, Tel. 07442/500-0, Fax 07442/500-3380
Dittrich Design Am Leveloh 6, 45549 Sprockhövel, Tel. 02324/9061-35, Fax 02324/9061-20
Agentur Hubert Essenko Agentur f. internationalen Wohnbedarf, Kranzhornstr. 8, 83093 Bad Endorf, Tel. 08053/4434, Fax 08053/4436
Fehrmann Art & Design Remstedtstr. 28, 22143 Hamburg, Tel. und Fax 040/67580100, www.fehrmann-art-design.de
Gunther Lambert GmbH Konstantinstr. 303, 41238 Mönchengladbach, Tel. 02166/8683-0, Fax 02166/859638
Hali-Büromöbel GmbH Schießstattweg 64, 94032 Passau, Tel. 0851/95551-11, Fax 0851/95551-18 und Schachinger Str. 1, A-4070 Eferding, Tel. 07272/3731-0, Fax 07272/3731-252
Klenk Collection Karl Klenk Möbelfabrik GmbH Postfach 1162, 72219 Haiterbach, Tel. 07456/9382-0, Fax 07456/9382-40
Linse GmbH + Co. KG Rudolf-Diesel-Str. 9, 73529 Schwäbisch Gmünd, Tel. 07171/82085, Fax 07171/88111
Moroso S.P. Via Nazionale 60, I-33010 Cavalico/Udine, Tel. 0039/0432/577111, Fax 0039/0432/570761 (Vertretung Deutschland: Agentur Essenko s.o.)
SSI Schäfer, Fritz Schäfer GmbH Fritz-Schäfer-Str. 20, 57290 Neunkirchen/Siegerland, Tel. 02735/70-1, Fax 02735/70-382
SLI Sylvania Lighting International, SLI Lichtsysteme GmbH 91051 Erlangen, Tel. 09131/793-0
Tagliabue s.r.l. Via Leopardi 1, I-22060 Figino Serenza (Como), Tel. 0039/031/780604, Fax 0039/031/781587
Vitra Management AG Klünenfeldstr. 22, CH-4127 Birsfelden, Tel. 061/3770000, Fax 061/3771720
VOKO Franz Vogt & Co KG Am Pfahlgraben 4-10, 35415 Pohlheim, Tel. 06404/929-0, Fax 06404/929-508
Vorwerk & Co. GmbH & Co. KG Kuhlmannstr. 11, 31785 Hameln, Tel. 05151/103-0, Fax 05151/103-377
Weko Büromöbelfabrik Wessel GmbH Melatengürtel 131, 50825 Köln, Tel. 0221/954490-0, Fax 0221/954490-38

Die Autoren

M. Lipczinsky/H. Boerner, Zur Torkel 12, 78464 Konstanz, Tel. 07531/6945-18/19, Fax 07531/694508, D2: 0172/4533108, E-mail: info@lipczinsky-boerner.de, Internet: www.lipczinsky-boerner.de